JEAN
BATARD D'ORLÉANS

TESTAMENTS, INVENTAIRE

ET

COMPTE DES OBSÈQUES

PAR

L. JARRY

MEMBRE DE LA SOCIÉTÉ ARCHÉOLOGIQUE ET HISTORIQUE DE L'ORLÉANAIS
ET DE LA SOCIÉTÉ DE L'HISTOIRE DE FRANCE

ORLÉANS

H. HERLUISON, LIBRAIRE-ÉDITEUR
17, RUE JEANNE-D'ARC, 17

1890

TESTAMENTS, INVENTAIRE

et

COMPTE DES OBSÈQUES

de

JEAN, BATARD D'ORLÉANS

Extrait des Mémoires de la Société archéologique et historique de l'Orléanais.)

ANCIENNE STATUETTE DU BATARD D'ORLÉANS

A la Sainte-Chapelle de Châteaudun.

(D'après la photographie du comte G. de Janssens)

TESTAMENTS

INVENTAIRE

ET

COMPTE DES OBSÈQUES

DE

JEAN, BATARD D'ORLÉANS

PAR

L. JARRY

MEMBRE DE LA SOCIÉTÉ ARCHÉOLOGIQUE ET HISTORIQUE DE L'ORLÉANAIS

ORLÉANS

H. HERLUISON, LIBRAIRE-ÉDITEUR

17, RUE JEANNE-D'ARC, 17

—

1890

TESTAMENTS, INVENTAIRE

ET

COMPTE DES OBSÈQUES

DE

JEAN, BATARD D'ORLÉANS

INTRODUCTION

Une première fois déjà, dans un rapport sur les fouilles
de Cléry en 1887, nous avons entretenu la Société archéologique et historique de l'Orléanais de quelques faits rela-
tifs au Bâtard d'Orléans (1). Il s'agissait seulement du
siége de Dieppe et des testaments du grand capitaine,
dans leurs points d'attache assez étroits avec l'histoire de
l'antique collégiale.

A notre vif regret, quelques lacunes subsistaient dans
cette étude, ou plutôt certains traits restaient indécis,
faute de renseignements suffisants ; par exemple, la date
d'acquisition de la seigneurie de Cléry par le Bâtard, les
détails sur la chapelle que lui et sa femme y élevèrent,
dans l'église de Notre-Dame, et sur leur monument funé-
raire au même lieu ; enfin, certains documents, qui ac-
compagnent et éclairent leurs actes de dernière volonté,
se dérobaient à nos recherches.

(1) *Mémoires de la Société archéologique et historique de l'Orléanais*, t. XXII, pp. 203-296.

De nouvelles investigations, dirigées dans un meilleur sens, nous fournissent le moyen de combler ces lacunes et d'apporter, sur bien des points, la précision désirable. Peut-être aurions-nous différé quelque peu de tirer profit de ces petites découvertes ; toutefois, il nous a paru convenable de reconnaître l'accueil bienveillant de la Société pour notre première communication, en lui proposant la publication de pièces présentant, à ce qu'il semble, un grand intérêt pour l'histoire de l'Orléanais.

Au surplus, à une époque où la fièvre documentaire, à tort ou à raison, s'empare de tous les esprits, l'historien ne saurait se montrer indifférent au mouvement qu'il a pour ainsi dire créé ; de plus en plus, au contraire, il produira les sources auxquelles sont empruntés ses travaux, et qui les justifient.

Si les principales sources de l'histoire religieuse sont les cartulaires, les meilleures, pour l'histoire civile, ce sont les inventaires et les comptes. L'avantage serait même en faveur des derniers, s'il y avait lieu d'établir une comparaison ; car ici les détails matériels s'enchaînent, et concourent tous à faire pénétrer plus intimement dans la vie des personnages auxquels ils se rapportent.

Les documents absolument inédits qu'il s'agit de publier sont extraits des *portefeuilles de Lancelot*, un des petits fonds des manuscrits français à la Bibliothèque nationale. Lancelot est un historien mort au milieu du siècle dernier ; on lui doit plusieurs ouvrages importants et un grand nombre d'excellents mémoires insérés dans le *Recueil de l'Académie des Inscriptions*. Ceux qui intéressent spécialement notre province sont : une *Dissertation sur Genabum* (1), que l'auteur place à Orléans ; et une *Description*

(1) T. VIII.

*des figures qui sont sur la façade de l'église de la Made-
leine à Châteaudun* (1). Nous lui sommes redevable, de la
majeure partie du cartulaire inédit de cette abbaye, que
l'on ne trouve nulle part ailleurs, et que la *société Dunoise*
se propose de publier. Peut-être les recherches que
Lancelot dut faire, à l'occasion de ses *Mémoires pour les
pairs de France*, engagèrent-elles le savant académicien à
travailler dans les archives de la maison de Longueville,
alors déposées à Châteaudun. On trouve, du moins, dans
ses papiers, de nombreux extraits qui en proviennent, et
quelques originaux ou copies anciennes d'une grande valeur
historique. Ses notes ont servi au P. Anselme.

Nous lui empruntons : l'*état des dettes du Bâtard d'Orléans*, du 8 novembre 1468, copie de Lancelot.

L'*inventaire fait à Châteaudun*, au mois de janvier 1467
(1468 n. st.), copie du XVe siècle.

Le *compte de l'obsèque et enterrement* du Bâtard, du
XVe siècle aussi ; et qui nous semble la minute d'après
laquelle fut établi le compte définitif.

Nous joignons, à ces trois pièces capitales, une version
plus correcte, établie sur plusieurs manuscrits, du testament collectif du comte et de la comtesse de Dunois, du
3 octobre 1463 ; et une reproduction de celui du comte
seul, du 28 septembre 1468, que nous avons déjà publié (2).

On aura ainsi l'ensemble, presque complet, des pièces
justificatives pour le dernier chapitre d'une histoire du
bâtard d'Orléans. Cette histoire serait déjà écrite, sans
doute, si l'on parvenait à vaincre, aussi heureusement,

____

(1) T. IX.
(2) *Mémoires de la Société archéologique et historique de l'Orléanais*, t. XXII.

les obscurités et les difficultés du premier chapitre, celles qui se rattachent à la naissance du fils illégitime de Louis d'Orléans. Il suffira, pour l'instant, d'analyser les documents qui vont suivre, de telle sorte qu'on en saisisse toute l'importance avant d'en référer au texte.

I

LES TESTAMENTS DE DUNOIS

Sans répéter, à ce sujet, ce qui est dit dans notre premier mémoire, nous rappellerons sommairement que les dispositions testamentaires du Bâtard d'Orléans ont existé au nombre de quatre ; les deux premières sont rédigées en commun avec sa femme, Marie d'Harcourt, les deux autres émanent de lui seul, après son veuvage.

Un premier testament, à date inconnue, solennellement révoqué par celui de 1463 qui le fait seul connaître, semble avoir été détruit au moment de la rédaction de ce dernier.

Le testament du 3 octobre 1463 a été publié, en 1829, par Alexandre Mazas, dans la *Vie des grands capitaines français du moyen âge*, dont tout un volume est consacré à notre héros (1). Mazas en devait la communication à J. Delort, qui avait lui-même recueilli cette pièce en rassemblant des matériaux pour une histoire de Charles VII, publiée en 1824. Le texte de Mazas est abrégé et assez incorrect.

La Société archéologique de l'Orléanais, croyant ce testa-

(1) Paris, E. Davenne, 1829. Sept volumes in-8°, t. VII, pp. 301-307.

ment inédit, l'a réimprimé, en 1858, sur une copie défectueuse de Polluche (1). Le style en est modernisé ; de plus, cette version fautive altère souvent le sens, et plusieurs noms propres sont méconnaissables. Sans prétendre restituer le texte dans toute sa pureté, nous croyons du moins en approcher bien davantage en empruntant, à défaut de l'original qu'on ne retrouve pas, une copie de Lancelot qui rectifie les erreurs de Mazas et de Polluche (2). Nous l'avons collationnée sur celles de Gyvès, incomplète aussi (3), de Clairambault (4), et de l'abbé Courgibet (5). Ce dernier semble encore plus mal inspiré que Polluche.

Le premier testament du Bâtard seul, daté de la veille de Saint-Michel, c'est-à-dire du 28 septembre 1468, est publié par nous dans le dernier volume des *Mémoires* de la Société (6), pour la première fois, croyons nous. Il serait inutile d'y revenir, s'il n'était nécessaire de justifier une phrase de notre travail. Nous avions dit, à propos de ce testament : « Il est olographe et vient protester de luimême contre la légende absurde, souvent réfutée mais toujours renaissante, d'après laquelle Dunois n'aurait pas su même signer son nom. »

Nous ne pensions pas recommencer si vite cette discussion ; mais nous y voilà ramené par un compte-rendu de notre mémoire, très bienveillant du reste, inséré dans le

(1) T. IV, pp. 422-429.
(2) Portefeuille 16.
(3) Bibliothèque d'Orléans, Ms. 433.
(4) Bibliothèque nationale, Clair., 1122.
(5) *Essai sur l'histoire de la religion du Dunois*, t. II, 1re partie, p. 254. Nous en devons la copie à l'obligeance de M. Brossier-Géray, président de la Société dunoise, d'après le manuscrit déposé à la Bibliothèque communale de Châteaudun.
(6) T. XXII, pp. 271-275.

Bulletin du bibliophile et du bibliothécaire (1). Afin de correspondre à la courtoisie du critique anonyme, nous glisserons sur quelques erreurs historiques échappées à sa plume. Mais nous ne pouvons admettre, avec lui, que la qualification d'*olographe* soit un lapsus du copiste, au lieu de *authentique*. Il suffit de parcourir le testament pour se rendre compte qu'il n'est aucunement dans la forme des actes notariés, et de lire la déclaration du Bâtard : « En tesmoing de ce ay escript et singné de [ma] main cest present testament... », pour affirmer que le terme d'*olographe* est le seul qui convienne.

Quant à cette concession apparente, « qu'il a dû être rédigé d'après les indications de Dunois, sous ses yeux, et peut-être revêtu de sa signature, *la seule dont il ait été fait mention jusqu'ici* », nous n'y pouvons souscrire davantage ; et l'on comprend à peine qu'une pareille assertion s'imprime dans une revue spéciale et jouissant d'une certaine autorité. La seule signature ! mais on en connaît plus de cent, aux Archives de France, à la Bibliothèque nationale, aux Archives du Loiret, à celles de la ville d'Orléans, dans les collections publiques et particulières. Nous en avons plusieurs sous les yeux en écrivant ces lignes.

Le Bâtard signait si bien, que, à la différence de son frère, Jean d'Angoulême, qui conserva toute sa vie celle dont il usait déjà vers l'âge de huit ans, il changea plusieurs fois de signature. Il en existe cinq types différents : Le premier est : *J. Bastard d'Orléans*, le cinquième porte seulement son prénom : *Jehan*. C'est la signature des dernières années ; elle est précisément apposée sur le testament. En admettant que Dunois eût appris, comme certains

(1) Août-septembre 1888, pp. 445-448.

SIGNATURES DE DUNOIS

QUITTANCE SIGNÉE DU BATARD D'ORLÉANS

Original de la collection G. de Braux.

(Photographie du vicomte Chandon de Briailles.)

illettrés, à dessiner les caractères d'une signature, il aurait
toujours conservé la même. S'était-il donc exercé à figurer
aussi une formule de salutation : *Le tout vostre*, comme
dans sa lettre à la Chambre des comptes de Paris (1)?
D'ailleurs, dans le *compte des obsèques*, il est question
d'une cédule de 1439 « singnée et escripte de la main de
feu mondit seigneur ».

Il serait inadmissible, à notre avis, qu'un fils, même
illégitime, de Louis d'Orléans, un frère du poète Charles,
un prince, somme toute, élevé avec un futur roi de France,
Charles VII et avec son autre frère, Jean d'Angoulême, dont
nous venons de parler, n'ait pas reçu une brillante instruc-
tion qui le mît à même d'être autre chose encore qu'un
vaillant guerrie., c'est-à-dire l'habile diplomate que l'histoire nous montre. On sait qu'il dirigea en personne les
négociations pour la mise en liberté de ses frères, qu'il
fut conservateur général des trêves avec l'Angleterre, chef
d'ambassades en 1447 et 1448 auprès du pape Félix V
pour arriver à l'extinction du schisme, lieutenant-général
de Charles d'Orléans pour le comté d'Asti et du roi de
France pour Gênes et Savone.

Sans doute, il employait un secrétaire, à l'ordinaire des
princes et des personnages de son temps ; n'en concluez
pas qu'il ne sût point écrire. On voit exposée, au palais
Soubise, une lettre de deux pages adressée à son frère
Charles, vers 1462. Le rédacteur de l'inventaire du Musée
des Archives nationales, un expert indiscutablement,
dit (2) : « La pièce écrite sur papier au recto et au verso
est *toute entière* de la main de Dunois ». Il ajoute, à la
vérité : « l'écriture assez mauvaise est négligée. » Excu-

<hr>

(1) Bibliothèque nationale, Ms. fr. 12763, p. 245.
(2) P. 271. La pièce est cotée K 72, nº 8 bis. Cartons des rois.

sons cette main alourdie par le poids d'une victorieuse épée d'être inhabile à manier une plume.

Il est d'autant plus inutile d'insister que le Bâtard renouvelle sa déclaration, par devant notaires, dans un acte dont nous allons parler : « et afferme pour vérité, en la présence desdits notaires, que naguaires il avoit fait son testament ou ordonnance de derrenière voullenté, *escript de sa main*, signé de son seing manuel, et scellé du scel de ses armes. »

Cet acte rédigé le 8 novembre 1468, par deux notaires du Châtelet de Paris, contient le relevé des dettes du Bâtard, ainsi qu'il s'était engagé à l'établir par son testament. C'est, à proprement parler, un état de situation résumant l'actif et le passif de sa fortune, présentant la liste des personnes avec lesquelles il se trouvait alors en relations d'affaires et d'argent ; c'est aussi un véritable codicille, puisque l'acte contient de nouveaux legs. Pour nous, c'est plus encore, c'est l'expression des volontés suprêmes, de la dernière pensée du comte de Dunois pour ses fondations pieuses, ces créations qui lui tiennent tant au cœur, et qui vont rester inachevées. Car il est « gisant au lit, malade » d'une affection qui doit amener la mort à bref délai, dix-sept jours plus tard.

Les principaux créanciers sont les héritiers de Rohan : une vieille dette que le Bâtard discute, parce qu'elle se complique de mauvaise foi ; une Rohan avait été promise en mariage à son frère d'Angoulême, puis refusée (1) ; ensuite viennent, Guyon de Puigirault et les héritiers de Pierre Lesbahy, Doulcet, Jacques Boucher, Jean du

---

(1) Par composition la dette à Rohan fut diminuée d'un tiers, et la succession paya encore 6,000 liv. t. C'est l'une des plus importantes.

Reffuge, Faveras et Chiefdeville de Blois, un marchand de Tours.

Parmi les artistes, nommons l'orfèvre Hennequin, Nicole Duval, l'architecte employé à Châteaudun, et les brodeurs de Chartres qui travaillent pour la chapelle de Cléry.

Dunois prend ses dispositions en vue du mariage de sa fille Catherine.

Puis il augmente le crédit affecté à ses fondations. Ainsi la Sainte-Chapelle de Châteaudun recevra 1,800 livres tournois en plus des prévisions du testament ; 800 écus d'or sont attribués aux églises de Saint-Martin et de Saint-Gatien de Tours, avec une chappe pour cette dernière. D'autres sommes sont données à Cléry et, pour la messe basse qui y est fondée à perpétuité, une rente annuelle de 40 livres tournois, sur les revenus du domaine de Cléry.

A l'actif figurent les revenus des terres du Bâtard, et du sel de Bretagne, les arrérages des pensions assignées par le roi sur les provinces d'Auvergne et de Normandie, ainsi que sur les recettes de Tours et de Poitiers.

Dunois a de l'argent en compte chez Jean de Beaune, à Tours, chez Denis le Breton, chez Pierre le Vasseur, marchand d'Orléans. Ses autres débiteurs sont Antoine Hélie, fermier de Parthenay, Jean Hébert, receveur de Chatelaillon, puis Robert d'Estouteville, prévôt de Paris, et le duc Amé de Savoie, pour le reliquat de la finance de la terre de Geays, en Savoie (1), près de Genève, qu'il a rachetée du Bâtard.

(1) Gex, aujourd'hui sous-préfecture de l'Ain.

II

L'INVENTAIRE DE CHATEAUDUN

Cet inventaire fait au mois de janvier 1468 (n. st.), l'année même où mourut Dunois, est une copie contemporaine, nous l'avons dit. Quelques annotations, ajoutées depuis le décès, indiquent la destination nouvelle d'un certain nombre d'objets.

A quiconque entendrait, sauf les noms, la lecture de ce document, il serait bien malaisé de fixer, sinon la situation sociale, du moins la carrière où s'écoula la vie du propriétaire de ce riche mobilier. En effet, rien ne rappelle, pour ainsi dire, un passé qui fut si plein de gloire ; les agitations des combats ont fait place aux arts tranquilles de la paix, aux nobles loisirs qui conviennent aux âmes élevées. C'est toujours la devise de nos vieux capitaines :

Terror belli, decus pacis.

Dunois possède un « tablier à jouer d'eschecz de bois, » image pacifique de la guerre ; il a des tentes et de beaux harnais de selle, précieux souvenirs de ses campagnes. Toutefois ses armes inoccupées sont en mauvais état : une salade, un harnais de jambes, deux pièces d'haubergeon, et une vieille épée d'armes. Quelque artillerie sert à protéger le château, naguère une importante forteresse : quatre canons, huit boîtes, huit grosses arbalètes, cinq « guidaz », une caisse de traits ferrés, des caques et des sacs de poudre. Cinq autres canons défendent la porte principale.

Les jeux belliqueux n'ont donc plus la préférence du
Bâtard. Il a des goûts sédentaires, relevés, délicats, artistiques; il aime la lecture au coin du foyer, recherche la
belle orfèvrerie pour en garnir ses dressoirs. L'âge amène
les réflexions sérieuses et sa nature généreuse et droite
aspire vers un monde meilleur ; il amasse donc de riches
reliquaires, de somptueux vêtements sacerdotaux pour en
orner sa Sainte-Chapelle et celle qu'il fait construire à
Cléry, l'asile du repos éternel, où l'a précédé sa compagne
qu'il ne tardera pas à rejoindre.

L'inventaire commence par les livres qui sont déposés
dans la tour. Cette partie seule a été publiée par
M. L. Delisle (1). La bibliothèque, considérable pour le
temps, n'est point indigne de celles de Louis et de Charles
d'Orléans. Elle se compose de 52 ouvrages, qui témoignent
des goûts intelligents et studieux du grand Chambellan.
Avec les volumes de piété et les romans de chevalerie
accoutumés, on y rencontre Saint Augustin et Saint Bernard,
Boèce et Alain Chartier. Ajoutons-y une chronique de
Froissart, engagée pendant les guerres à La Trémoille,
avec des bijoux que celui-ci refusa de rendre même sur
des instances judiciaires, intentées en 1443 et 1444 (2).

La tour contenait aussi les harnais de selle et les robes
du comte et de la comtesse. Le Bâtard consacra quelques-
unes de ces dernières à la façon d'une chapelle complète,
donnée à l'église de Patay, probablement pour commémoration de la victoire remportée en compagnie de Jeanne
d'Arc.

Ne nous arrêtons pas à la vaisselle, à la batterie de

(1) *Cabinet des manuscrits*, III, pp. 194-195.
(2) Cette affaire ne se termina qu'en 1472. Cf. Portefeuille Lancelot 16, folio 184.

cuisine, ni à la literie ; et ne jetons qu'un coup d'œil sur la très riche lingerie de lit, de table, de corps, en toile de Reims et de Hollande, ou encore à l'œuvre de Paris, de Venise, de Pavie, de Damas. La comtesse avait de nombreux bonnets de fils d'or, à fleurs de « souviengne vous en » et « ne m'obliez mie » bleues et vermeilles, et à fleurs de pensées bleues, vermeilles et blanches.

Une femme s'extasierait sur la grande quantité, la richesse et la variété des velours, des broderies, des orfrois, et sur la collection de tapisseries. C'était alors l'usage d'en composer des « courtines, dais, tapis de muraille, banquiers » ; l'ensemble de ces pièces formait ce que l'on appelait une *chambre*, et la chambre portait le nom du motif principal reproduit sur chaque pièce. Mentionnons deux chambres, à « souviengne vous en », c'est la fleur préférée ; une chambre à « houls », une à « bergerêtes », trois chambres de « vollerie de serge verte », une de verdure et deux de laine et de serge noire. Il y avait encore des tapis de laine « à fleurs de maries, à chacun un arbre et une turterelle dedans ».

Marie d'Harcourt ne dédaignait pas de mettre elle-même la main à ces ouvrages. L'inventaire indique « plusieurs métiers de bois à ouvrer à tisseures », une « pouchete » remplie de fils de soie et d'or, des « bobèches », des « canetes » des écheveaux, des pelotons de soies de diverses nuances, et un « métier à ouvrer en œuvre d'Angleterre ». Et précisément, l'on trouve pour la Sainte-Chapelle « ung corporaillier à l'œuvre d'Angleterre que fist feu Madame » et des toiles tissées ou brodées par la comtesse.

Les pièces d'orfèvrerie sont peu nombreuses. Rappelons qu'à cette époque l'argent monnayé était rare et se cachait ; de plus la variété des espèces obligeait de recourir sans cesse aux changeurs. Les capitaines emportaient avec eux, en campagne, leurs bijoux, leurs diamants, leurs robes et fourrures, et s'en servaient constamment, en guise d'argent, pour les vendre ou les engager au besoin. On ne fabriqua peut-être jamais tant d'argenterie que pendant la guerre de cent ans ; c'était un numéraire qui avait cours partout, sans dépréciation. Avec son manuscrit de Froissart, cité plus haut, Dunois déposa en garantie, entre les mains de Georges de La Trémoille, baron de Sully, « une couppe d'or couverte, émaillée, et garnie de pierreries, ung fermillet garni d'un gros diamant, d'une grosse perle et d'un gros balais », et une robe longue de drap d'or fourrée de martres zibelines.

L'un des intéressants chapitres de l'inventaire est celui des « ornements et vêtements de la Sainte-Chapelle ». Ici, c'est plus que de la richesse. Les *chapelles*, composées de vêtements pour diacre, sous-diacre, chasubles, tuniques, dalmatiques, table d'autel, fanons, étoles, parements d'aube et amicts, sont en grand nombre : chapelle de « bocassin blanc à fleurètes », de velours bleu, encore de velours bleu semé d'étoiles « à orfrays à ymagerie », de velours cramoisi semé de soleils, de damas blanc broché d'or à feuilles de houx, de satin figuré vert, enfin chapelle de *requiem* de velours noir.

Les tables d'autel sont souvent de véritables tableaux de broderie ou de tapisserie. Il y en a, comme des chapelles, pour les diverses fêtes de l'année, l'*Ascension*, la *Pentecôte* ; l'une est de velours noir, avec le *Jugement* et la *Résurrection des morts*, l'autre porte la *Crucifixion* d'un côté et *Notre-Dame de Pitié* au revers.

Nouveau chapitre pour la « vaisselle et les reliques de ladite chapelle ». Ici sont énumérés et décrits les croix, calices, chandeliers, encensoirs, bénitiers, clochettes, chopines, tableaux et vaisseaux d'argent. Un épistolier est couvert de velours cramoisi garni d'argent « aux ymages de S. Jehan Baptiste et de S. Pol ».

Terminons par les reliques des saintes Maries, des saints André, Pierre, Benoît, Ytasse, et par une dent de saint Jean-Baptiste, le patron du Bâtard.

III

LE COMPTE DES OBSÈQUES

Nous avons dit que l'*État des dettes* et l'*Inventaire* donnent plus qu'ils ne promettent, puisqu'on y trouve un codicille ou plutôt un testament suprême et un véritable état de situation de la fortune du Bâtard, à la veille même de sa mort. On rencontre là même surprise, et pour les mêmes raisons, dans le *Compte des obsèques*. Ce document ne se borne pas, en effet, à faciliter le résumé des différentes phases de la cérémonie funèbre par l'énoncé des fournitures et des frais. En fait, c'est une liquidation complète de la succession. Le bailli de Dunois, Florent Bourgoing, exécuteur du testament avec Georges de Brilhac, seigneur de Courcelles, et Jehan de Mineray, rend donc compte à l'évêque de Chartres, non seulement de l'exécution du testament, mais encore, et par conséquence, de l'acquittement des dettes.

Aussi ce compte présente-t-il, à première vue, trois chapitres différents, sous ces rubriques : *Dépenses pour le fait des obsèques, deniers payez, autres deniers payez pour dettes ;* et les détails de ces trois chapitres se corroborent et se complètent entre eux.

Sans doute, s'il s'agissait d'un personnage ordinaire, il

nous importerait aussi peu de savoir comment ces dettes
furent payées que d'apprendre à quelle occasion elles ont
pu être contractées. Il en va tout autrement ici, car l'on
se rend compte que, si la fortune du Bâtard était obérée,
ce fut surtout pour le service de la France. Ce sont donc
des dettes historiques, si l'on peut employer cette expression ; et, comme elles embrassent presque toute la vie du
Bâtard, elles peuvent servir à en éclairer bien des points
encore obscurs.

Oui, la fortune du Bâtard était obérée ; que l'on ne s'en
étonne pas trop. A cette époque troublée que le pays
venait de traverser, les plus grands seigneurs, le roi lui-
même, naguère encore le petit roi de Bourges, vivaient
sur le crédit ; nous avons déjà touché cette question à
propos de l'engagement des bijoux, diamants, robes et
fourrures par les capitaines pendant la guerre de cent ans.
Ainsi Dunois avait acheté pour 300 écus, d'un certain
Courbanton, deux haquenées et un cheval. Il donne à son
créancier une cédule, écrite et signée de sa main, scellée
du sceau de ses armes, le 30 août 1439 ; et il en paie
seulement la moitié le 4 février 1461, c'est-à-dire vingt-
deux ans après ; le surplus ne fut soldé que par ses exécuteurs testamentaires.

En remontant quelques années encore, on rencontrera
un exemple de ces dettes que nous appelons historiques.
On sait qu'en l'année 1432 le Bâtard d'Orléans reprit aux
Anglais la ville de Chartres par un stratagème imité du
cheval de Troie. Avec la connivence de gens dévoués, il
fit encombrer la porte Saint-Michel par des charrettes
pleines d'aloses, dont un grand nombre fut distribué aux
portiers. Cet embarras, prolongé à dessein, permit à Florent d'Illiers, embusqué non loin de là, de s'emparer de la
porte ; il y fut promptement rejoint par Dunois, La Hire

et leurs soldats, qui eurent bientôt ville gagnée, comme on disait alors.

C'est à propos de ce fait que la succession du Bâtard composa avec Jean Le Tonnelier, lieutenant de Dunois, « pour dette qu'il disoit et affermoit estre deue à ses feux père et mère, pour despense faicte par feu mondit seigneur et ses gens en leur hostel à Chartres, tantost après la prise dudit Chartres ».

Le point de départ de la liquidation remonte donc véritablement à l'année 1432 ; et le compte embrasse en fait une période de 45 années, puisque Florent Bourgoing raconte qu'une somme de 240 l. t. lui a été « crochetée et robée en un coffre, en sa maison à Orléans, où il avoit accoustumé mettre son argent, par un sien clerc nommé Alixandre Gente, q ui incontinent après s'en fouyt », et que les dépenses depuis le trépas « sont neuf ans et plus ». Cela nous conduit à 1477. On peut donc dire avec vérité que l'on a ici le *Livre de raison* du Bâtard d'Orléans.

Nous considérons ce document comme le brouillon original du compte, à cause des *nombreuses ratures*, des *annotations ajoutées à beaucoup d'articles*, et surtout à cause de quelques *signatures apposées* pour décharge des sommes reçues.

En étudiant avec soin tous ces articles, on trouverait à coup sûr des faits analogues à ceux que nous venons de rapporter. Nous bornons notre tâche à en extraire quelques notes historiques et artistiques sur Châteaudun et Cléry et à condenser les principaux renseignements sur la mort et les obsèques du comte de Dunois et de Longueville (1).

____

(1) Cette partie de notre travail a été lue, le 27 mai 1890, à la *Réunion des délégués des Sociétés des beaux-arts*, à l'École des Beaux-Arts, et est imprimée dans le *Compte-rendu*.

1. — Artistes aux gages du Bâtard pour Châteaudun.

Pour ne citer que ses principales possessions dans l'Orléanais, le Bâtard fut successivement seigneur de Gien,
Romorantin, Châteaudun, Beaugency et Cléry, en négli-
geant quelques fiefs accessoires. A Gien, qu'il garda peu
de temps, et à Romorantin, il ne semble pas avoir laissé
de traces durables de son passage. L'historien de Beaugency, le docteur Pellieux, dit qu'il fit construire en 1439
la partie du château sise du côté du grand escalier (1).
Les pièces d'archives manquent pour vérifier cette assertion ;.
elle nous semble contestable, car nous n'avons rien trouvé
concernant ces travaux dans les minutes du notaire du
comte de Dunois à Beaugency. Il y a, du moins, erreur de
date (2), puisque Jean d'Harcourt, archevêque de Narbonne,
achète seulement en 1443 cette seigneurie de Charles
d'Orléans, qui en consacra le prix, 16,000 écus, à payer sa
rançon et celle de Jean d'Angoulême.

Beaugency resta un siècle entier dans la maison de
Longueville et le nom du Bâtard y est en grand honneur.
On y montre son cabinet au château, converti en Dépôt
de mendicité ; son écusson est à la chapelle et sur la tou-
relle du grand escalier ; mais la sculpture en est mutilée.
Les mêmes armes se retrouvent à l'hospice accompagnant
des médaillons sculptés aux frontons des fenêtres. Ce sont,

(1) P. 125.
(2) Notre regretté confrère Edmond Michel aggrave même cette
erreur en écrivant : 1429, dans l'*Inventaire des richesses d'art de
la France*. C'est l'année même du siège d'Orléans ; et il faut conve-
nir que le Bâtard, tout occupé à sauver la France et la monarchie,
n'aurait guère eu le loisir de réparer un château, dont il ne devint
en réalité propriétaire que quatorze ans plus tard.

dit-on, des portraits du Bâtard et de son fils François Ier de Longueville. Commencés peut-être par ce dernier, ces ouvrages, auxquels on ne saurait assigner aucun nom d'artiste, furent terminés par le cardinal de Longueville, évêque d'Orléans et archevêque de Toulouse, fils et petit-fils des précédents.

Châteaudun fournira des renseignements plus précis. Le Bâtard avait tellement fortifié cette ville que le roi d'Angleterre Henri V, en 1421, n'osa pas tenter d'y pénétrer. En reconnaissance de cette vaillante défense de ses domaines et des négociations pour sa mise en liberté, Charles d'Orléans, par lettres données à Calais, le 31 juillet 1439, abandonne à son frère naturel la vicomté de Châteaudun et le comté de Dunois, dont il portera désormais le nom (1).

Lorsqu'il eut définitivement chassé les Anglais de l'Orléanais, Dunois voulut enfin se construire une demeure digne de lui. Il jeta d'abord par terre une vieille chapelle en ruine et en éleva une autre en 1446, à l'est et en dehors de l'enceinte du château, sous le vocable de saint Roch et saint Sébastien ; on l'appelait la chapelle des Galeries. Puis il s'occupa du donjon, la grosse tour de Thibault-le-Tricheur, comme certains la nomment, tandis que d'autres, et avec plus de raison puisqu'elle semble contemporaine du XIIe siècle, l'attribuent à Thibault V.

Dans le court intervalle qui sépare ses victorieuses campagnes de Normandie et de Guyenne, Dunois fait marché, le 3 décembre 1450, moyennant 700 écus d'or, avec un charpentier d'Orléans, Richart Taix, pour le comble de la grosse tour. Son élévation, d'après ce marché, était de 20 à 22 toises (2). On devait assembler sur la muraille une

(1) *Bulletins de la Société dunoise*, t. II, pp. 227-229.
(2) Bibliothèque nationale. Portef. Lancelot 16, folio 193,

plate-forme de bois, portant au centre une aiguille de 9 à
10 pieds, avec un chapiteau de 6 à 7 pieds « pour recevoir,
est-il dit, un ange ou fleuron de 5 à 6 pieds de haut, pour
recevoir une grant fleur de lis, lequel qu'il plaira à Monseigneur et à Madame ». Est-ce pour la préparation de cette
œuvre que, l'administration des eaux et forêts du duché
d'Orléans, sur la signature du Bâtard, délivre à Richard
Fé, son serviteur, en 1447, la tonture de quatre arpents de
bois (1) ? La couverture de la grosse tour de Châteaudun
fut renouvelée en 1625, sous Henri II d'Orléans-Longue-
ville, avec le même couronnement d'une fleur de lis.

Quant au château lui-même, plusieurs textes permettent
d'établir à peu près la part qui revient à chacun dans sa
construction. Dunois commença par démolir une partie
du vieux palais des comtes de Blois, établi lui-même sur
de très anciennes substructions. Puis se dressent des cons-
tructions hardies, s'appuyant à peine sur le rocher d'où
elles montent à pic, comme la Merveille du Mont-Saint-
Michel, dont le Bâtard avait été capitaine dans sa jeu-
nesse. Ce nid d'aigle conserve encore à l'extérieur l'aspect
d'une redoutable forteresse ; mais la cour intérieure serait
assez riante si elle n'était à l'ombre du respectable donjon, qui l'écrase de sa masse.

Dunois avait acheté de plusieurs particuliers des caves
sur l'emplacement desquelles il fit « édifier la tour carrée
du château de Châteaudun située devant la fontaine des
moulins (2) ». Cela semble rendre indiscutable l'attribution

(1) Archives du département du Loiret, A, 2124. — Richart Fé,
que nous retrouverons, était maître des œuvres de charpenterie du
duché. Est-ce que son nom n'aurait pas été travesti, dans la copie
du marché, en Richart Taix ?

(2) Mention dans un acte de 1500 ou 1501 des *Minutes des notaires du comté de Dunois*, par M. L. MERLET. — E, 120,

à Dunois lui-même de la construction de l'aile du couchant, dite de Saint-Médard (1). Le compte des obsèques contient à ce sujet de précieux renseignements. On y constate le versement de 900 l. t. « pour convertir et employer au paiement des ouvriers (maçons, manœuvres, carriers, charpentiers, couvreurs) qui avoient besongné au chasteau de Chasteaudun et qui deue leur estoit avant le trespas de feu monditseigneur ».

C'est messire Raoul Maunoury, aumônier du comte, qui était « commis du temps de feu monditseigneur à paier les mises des réparations du chastel de Chasteaudun » et qui solda les mémoires de ces ouvriers. Le directeur des travaux, l'architecte, s'appelle Nicole du Val : « Du receveur de Longueville 200 l. t. pour bailler à maistre Nicole du Val maistre des euvres de Chasteaudun et qui deue lui estoit paravant le trespas de feu monditseigneur ». Les appointements de cet architecte s'élevaient à 100 l. t. par an.

Nicole du Val doit être le même personnage que Colin du Val, nommé en 1429 maître des œuvres de la ville de Rouen (2) et maître des œuvres de maçonnerie du roi au bailliage de la même ville (3). Le Bâtard lui confia, sous la même qualité, la réfection de ses châteaux de Longueville et de Châteaudun. De la même famille était peut-être Simon du Val, le maçon qui travaillait à Cléry pour le comte de Dunois.

C'est donc Nicole du Val qui fut l'architecte de l'aile Saint-Médard du château de Châteaudun, sous les ordres du

(1) *Histoire du Château de Châteaudun*, par M. Coudray, pp. 106 et 107.

(2) A. BÉRARD, *Dictionnaire biographique des Artistes français.*

(3) *Bulletin de la Commission des antiquités de la Seine-Inférieure*, t. VI, 2ᵉ livr., et *Bulletin de la Société dunoise*, t. V, p. 54.

Bâtard. D'ailleurs, l'écusson du comte, qu'on y retrouve, la tradition, qui conserve son nom au cabinet et à d'autres appartements (1), de même que le fait d'avoir masqué l'extrémité du bâtiment par la Sainte-Chapelle, tout cela ne laisse aucun doute sur l'honneur qui lui revient de cette entreprise presque terminée au moment de sa mort, puisque les serruriers, menuisiers et couvreurs sont compris dans les certificats de paiements.

Du reste on n'avait pas attendu l'achèvement de ces travaux pour mener rapidement ceux de la Sainte-Chapelle, qui sont dus probablement au même architecte, Nicole du Val. La pensée de cette pieuse fondation, que se réservaient seuls les rois et les princes du sang, était commune au comte et à la comtesse de Dunois. Pour lui donner tout son développement, la cour du palais se trouvait peu spacieuse ; il fallut donc abattre une partie de la clôture de la forteresse et en raser le talus. Sur ce terrain aplani s'éleva la Sainte-Chapelle, qui terminait en retour d'équerre l'aile de Saint-Médard et dont le chevet s'appuyait en partie au flanc de la grosse tour.

On a écrit que les travaux n'étaient pas encore commencés en 1464 (2). C'est à tort, car le testament commun du Bâtard et de Marie d'Harcourt, du 3 octobre 1463, ordonne qu'une somme de 2,000 francs sera consacrée à « l'achèvement de la Sainte-Chapelle estant en leur chasteau de Chasteaudun » et au logis des religieux. Depuis, le récit de l'inhumation du cœur de la comtesse (3), le 8 septembre de la même année 1464, dit qu'il fut déposé

(1) L'inventaire indique « la chambre de Monseigneur, ou Chasteau neuf ».

(2) *Mémoires de la Société archéologique de l'Orléanais*, II, 178.

(3) *Mémoires de la Société archéologique d'Eure-et-Loir*, I, 263.

dans le caveau de cette chapelle Saint-Jean par Miles d'Illiers, évêque de Chartres, qui y célébra la messe.

Au contraire, nous estimons que ce charmant édifice, offrant avec son transept la délicate réduction d'une église, aux proportions restreintes de 38 mètres de long sur 8 de large et 20 de haut sous le faîtage, était alors presque complètement terminé. En effet, la Sainte-Chapelle fut consacrée, le 5 juin 1465, par le cardinal d'Estouteville (1) sous le double vocable de Notre-Dame et de Saint-Jean-Baptiste.

Mais, au-dessus de la Sainte-Chapelle, on construisit un autre sanctuaire en l'honneur de saint Vincent. C'est ce qui explique pourquoi les maçons travaillaient encore à cet édifice à la mort du Bâtard, et comment la couverture en tuiles de la chapelle ne fut posée qu'après son trépas.

Voici les renseignements donnés par le compte des obsèques sur les dépenses d'ornementation et d'ameublement de la Sainte-Chapelle.

C'est encore l'aumônier du comte, Me Raoul Maunoury, qui dirigea et paya les ouvriers. Il fit faire par des charpentiers d'Orléans, Richart Fé et Germain son fils, installés à Châteaudun pour travailler aux menuiseries du château, des cloisons destinées à isoler le sanctuaire de la nef et des oratoires formant les bras du transsept.

Pour la peinture, nous trouvons ces deux mentions :

« Quittance de dix écus d'or par Piètre André, peintre du duc d'Orléans, pour les peintures et œuvres par lui faites pour le feu comte de Dunois (2). » Cet artiste, bien

____

(1) *Bulletins de la Société dunoise*, t. VI, p. 247, et *Mémoires* de de Laîné, prieur de Mondonville.

(2) *Minutes des notaires du comté de Dunois*, 1468-1470. — I, 53.

connu, était aussi huissier de salle du duc d'Orléans. Il
fut chargé en 1464 de diriger les obsèques de la comtesse
à Cléry et à Châteaudun. En voici un autre, qui apparaît,
croyons-nous, pour la première fois, au moins dans nos
contrées : « à messire Paoul Grymbault, maistre escolle
de Partenay, pour avoir peint plusieurs choses en la
chapelle du Chastel de Chasteaudun, du vivant de feu
monditseigneur, la somme de xxvii l. x s. t ; et pour son
logeiz durant ung an, viii l. v s. t. » Il était encore à
Chateaudun à la mort du comte, car il y peint 210 écussons à ses armes pour les obsèques.

Voilà un maître d'école qui ne tourmentait pas beaucoup ses élèves, puisqu'il était assez libre de son temps
pour consacrer toute une année à la décoration de la
Sainte-Chapelle de Châteaudun. C'est bien sûr à lui qu'on
doit la peinture murale qui se voit encore dans l'oratoire
de droite, et à laquelle une récente et habile restauration
vient de rendre tout son éclat. Elle représente le *Jugement
dernier*. L'ensemble est original, plein de naïveté et de
force à la fois ; la composition, assez compliquée pour le
temps, ne manque pas d'un certain mérite.

Messire Jean Garnier, trésorier du comte et chanoine de
Cléry, fit écrire par Jean Chaillou, un ancien notaire,
certains « cayers » moyennant 20 écus d'or ; ce sont
probablement des livres de chœur. Les chants étaient
accompagnés par des orgues : « Quittance de 296 écus
d'or pour la façon des orgues de la Sainte-Chapelle du
château de Châteaudun, par Pierre de Montfort, prieur
de Saint-Porchaire de Poitiers et de Méré, organiste
du roi (1). » Nous renvoyons à l'*inventaire* pour les chapitres des « ornements et vestements » et des « vaisselles

(1) *Minutes des notaires du comté de Dunois*, 1467-1468. — E, 51.

et relicques » de la Sainte-Chapelle, dont nous avons déjà parlé en leur lieu ; mentionnons la façon par Jean de Luz, orfèvre de la comtesse, demeurant à Blois, de « ung escrin ou a plusieurs émaulx servant à la chapelle de Chasteaudun ».

Dans le chœur fut placé un aigle sorti de l'atelier de Jean Morant (1), fondeur parisien, auquel le Bâtard lui-même en avait fait la commande. On sait, par la quittance originale du voiturier (2), que ce lutrin fut amené de Paris le 11 mai 1469. Il y eut probablement retard dans la livraison, car cette date est en contradiction légère avec l'inscription gravée sur le piédestal de l'aigle. Voici ce huitain, qui a été conservé par François Perrault, curé de Prasville, comme souvenir de son voyage de Châteaudun en 1775 (3) :

Très hault excellent et puissant
Jehan jadis comte de Dunois,
Me fist faire, en son vivant,
Par Jehan Morant, fondeur courtois,
Et fut cy mis en ce beau mois
Mars mil quatre cent soixante-huit.
Priez tous Dieu d'une voix
Qu'en Paradis soit conduit.

Le bon curé beauceron, plus bibliophile qu'artiste, trouve pourtant cet aigle « bien fait pour le temps » ; il était alors détérioré, suivant une note de 1715 (4).

(1) Le *Dictionnaire biographique des artistes français*, de Bérard, donne quelques détails sur Adam Morant et Jean son fils, fondeurs et sculpteurs à Paris.

(2) Bibliothèque nationale. Portefeuille Lancelot 16, folio 329.

(3) *Histoire du château de Châteaudun*, par COUDRAY, p. 181.

(4) « L'aigle de cuivre, qui sert de lutrin, est en mauvais état ; on pourrait le troquer contre un autre. Il ne faudrait peut-être point

La Sainte-Chapelle était ornée de verrières, qui furent brisées par les Prussiens en 1815. Elles portaient les armes des Longueville et de leurs alliances. Sur les vitraux du chœur étaient représentés le Bâtard à genoux, armé, la cotte d'armes ornée des pièces de son écu, et Marie d'Harcourt ; à l'oratoire de droite était peint leur fils François, qui termina l'édifice. Un portrait de Dunois se trouvait dans la sacristie.

La nef est décorée, entre les retombées des arceaux, de douze colonnes de deux mètres de haut couronnées par des chapiteaux finement sculptés. Ce sont autant de supports de statues ; la plus curieuse de ces sculptures est une statuette du Bâtard, en demi-grandeur, polychromée, dont la partie inférieure, mutilée pendant la guerre de 1870, a été refaite. On sait que, de son vivant, Dunois avait fait mettre sur le portail de son château de Tancarville les statues de La Hire et de Poton de Xaintrailles, avec la sienne au milieu.

Le clocher de la Sainte-Chapelle ne fut construit qu'après la mort de François, comte de Dunois, arrivée en 1491, par Agnès de Savoie, sa veuve, et par le maçon Colas Picault (1).

Nous ne quitterons pas Châteaudun sans ajouter que, en retour de l'aile de Saint-Médard, on admire encore la grande aile construite par les fils et petits-fils du Bâtard, avec ses salles superbes, ses cheminées, ses deux grands

de retour, parce qu'il est fort pesant et que celui que l'on prendrait pourrait être plus léger. Si l'on ne fait pas cet échange, il faudra le faire raccommoder. » (Bibliothèque nationale. Portefeuille Lancelot, 191.)

(1) « Marché avec Colas Picault, maçon, pour tailler, asseoir et maçonner le clocher de la S. Chapelle du chastel de Chasteaudun. » (*Minutes des notaires du comté de Dunois, 1492-1494.*)

escaliers, qui supportent, sans trop d'infériorité, la comparaison avec ceux du château de Blois. Celui du fond de la cour, à l'angle des deux bâtiments, s'inspire encore du moyen âge ; l'autre, de la première période de la renaissance, coupe heureusement une longue façade. Ce dernier fut construit en 1511 et 1512 par les maîtres maçons Pierre Gadier, Jean Barreau et Étienne Gallebrun (1).

2. — Artistes employés par Dunois à Cléry.

Nous serons bref en ce qui concerne la chapelle de Saint-Jean, dite de Dunois ou de Longueville, à Cléry, puisque nous avons eu déjà l'honneur d'en entretenir la société (2). Aussi nous restreindrons-nous aux renseignements indispensables et absolument inédits.

Par exemple, nous n'avions pu préciser la date ni le mode d'acquisition de la seigneurie de Cléry, par Dunois, antérieurement à un acte du 26 avril 1455. Maintenant, nous sommes en mesure d'établir que Cléry fut adjugé par décret, au bâtard d'Orléans, pour 400 écus d'or vieux de rente et 400 écus d'or vieux d'arrérages, à lui dus par Robert et Guichard de Layre, en déduction d'une créance antérieure et plus considérable. Cela résulte d'une sentence du lieutenant-général du gouverneur du duché d'Orléans, en date du 27 février 1453 (n. st.) (3).

De même, nous avons dit tout ce que fit le nouveau seigneur de Cléry en faveur de la collégiale ruinée par les Anglais, comment il y intéressa successivement les rois

(1) *Minutes des notaires du comté de Dunois*, 1511.
(2) *Mémoires*, t. XXII.
(3) Acte analysé dans un *Inventaire des titres et papiers des seigneuries de Vouzon, La Motte*, etc.... du 15 octobre 1691.

Charles VII et Louis XI, à ce point qu'ils entreprirent et
et terminèrent la reconstruction de l'édifice. Nous avons
rapporté le marché signé en 1449 par Pierre Chauvin,
maître des œuvres de maçonnerie du duc d'Orléans, pour
la décoration du portail nord de Notre-Dame de Cléry.
Le continuateur de P. Chauvin est Pierre Le Paige, qua-
lifié dans un certain nombre d'actes du tabellionage de
Cléry (1) : « maistre des œuvres de l'église collégiale Nostre-Dame de Cléri » et dans plusieurs autres : « maistre
des œuvres de maçonnerie et de charpenterie » ; ce qui
ne laisse aucun doute sur ses attributions.

Pierre Chauvin et Pierre Le Paige sont donc les archi-
tectes de la belle église que nous admirons encore, malgré
les détériorations que le temps et les hommes lui ont fait
subir. Ils étaient restés dans l'oubli, alors que tant de
leurs confrères ont acquis la célébrité par des œuvres de
moindre importance. On pourrait, à la rigueur, suivre
Chauvin, qui exerça longtemps dans la contrée ; quant à
Le Paige, mort avant 1478, peut être cette indicaion
mettra-t-elle sur la piste d'autres mentions (2).

Alors que l'église de Cléry était en construction, le
comte de Dunois et sa femme choisirent un emplacement
auprès du portail méridional et y firent élever, en l'honneur de saint Jean-Baptiste, une chapelle destinée à recevoir leurs corps et ceux de leurs descendants, comme la
Sainte-Chapelle de Châteaudun servait de sépulture à leurs
cœurs ou à leurs entrailles. L'architecte de Châteaudun

----

(1) Minutes de Mᵉ Laîné.

(2) Peut-être était-il originaire de l'Orléanais ? Dans les comptes
de forteresse de la ville d'Orléans, pour 1447-1449, on rencontre un
Jehan Le Paige, maçon et tailleur de pierre, qui est payé pour avoir
fait et sculpté « l'uisserie de la vix de l'ostel de la ville », aujour-
d'hui le Musée de peinture.

était Nicole du Val ; celui de Cléry, sans doute un de ses parents, fut Simon du Val. Robert Saussaye, dit Longueville, poursuivant d'armes du comte, était chargé de la « mise » desdits ouvrages de Cléry. Nous nous abstiendrons maintenant de toutes citations ; elles seraient trop nombreuses : on devra recourir aux articles mêmes du compte.

La chapelle Saint-Jean fut dotée par le testament commun de 1463. Une somme de 800 écus d'or y est destinée à la construction et une autre de 400 écus aux ornements. Le corps de Marie d'Harcourt, morte le premier septembre 1464, y fut déposé par le peintre Piétre André dans un caveau en pierre tendre de Bourré que nous avons retrouvé le 8 juin 1887. Nous rappelons que, sur le cercueil en plomb de la mère, se trouvait la bière plus petite de son fils ainé Jean, filleul du duc d'Orléans, et mort en bas âge.

Le comte de Dunois, resté veuf, avança fort les travaux, de 1464 à 1468, comme en témoigne le compte des obsèques. On y trouve la mention de divers paiements « à maistre Simon du Val, maistre des œuvres de maçonnerie de la chapelle de Cléri », dont un pour le pavage de cette chapelle. Pierre Rémy avait fourni la charpente et Richart Fé l'oratoire, les deux *huys* de la chapelle, et les *chezes*. On sait, par le compte du serrurier qui les a ferrées, que celles-ci étaient au nombre de cinq ; et comme il y a encore, dans un angle de la chapelle de Longueville, cinq stalles, nous avons ainsi un spécimen signé, pour ainsi dire, du talent original, bien qu'un peu rudimentaire, de Richart Fé. Il est facile, par la comparaison, de se rendre compte que ces siéges ont servi de modèle à toutes les stalles du chœur, d'un travail plus fini, et qui, portant d'ailleurs en quelques endroits le chiffre d'Henri II, sont généralement regardées comme une œuvre du milieu du seizième siècle.

L'incendie de l'église de Cléry, arrivé en 1472, endommagea aussi la chapelle de Dunois, mais assez légèrement, semble-t-il. Sauvée du feu par Jean du Fou, maçon de Cléry, elle subit quelques réparations, sous la direction du chanoine Nicole Myay. Il fit appareiller la couverture et remettre en état les quatre verrières, qui avaient été « rompues » par les flammes. Ces derniers travaux furent exécutés par Perrette, veuve de Henry Geldaf, un peintre verrier d'origine flamande qui jouissait à Orléans d'une certaine réputation. Depuis longtemps il ne reste plus rien de ces vitres, pas même le souvenir des sujets qu'elles représentaient ; il est actuellement question de les remplacer, et nous formons le vœu que l'artiste retrace en quelques tableaux les principaux faits qui rattachent Dunois à Cléry.

Les ornements de la chapelle Saint-Jean, chappes, chasubles, tables d'autel « semées de fleurs de Marie », furent confectionnés à Chartres par René de Dremen, à Orléans par la Cotarde « broderesse », et aussi par Guillaume Segrie, « taillandier » et valet de chambre de la comtesse Agnès de Savoie, la belle-fille du Bâtard.

3. — *Mort et obsèques du Bâtard d'Orléans.*

L'heure de la mort allait sonner pour le comte de Dunois ; il l'attendait courageusement, préparé par toute une vie aussi honorable que glorieuse, accompagné des pieuses fondations, des bonnes œuvres des dernières années, et de ses dispositions testamentaires, libérales pour tous ceux qui tenaient à sa maison, remplies d'une ingénieuse charité pour les jeunes filles, les nourrices, les pauvres, pour les déshérités de ses domaines, soutenu et consolé enfin par les secours d'une religion qu'il avait toujours respectée.

Les historiens varient sur le lieu de la mort du grand chambellan de France ; les uns le font mourir en son château de Lay, près Montlhéry ; d'autres à L'Hay près Paris. Ils ne s'entendent pas non plus sur la date du décès. Nous nous sommes assuré qu'il n'y avait pas de château de Lay près de Montlhéry et qu'aucun domaine du Bâtard ne se trouvait dans la contrée. Au surplus, nous donnons, d'après le compte des obsèques, des renseignements absolument certains.

Jean, Bâtard d'Orléans, comte de Dunois et de Longueville, mourut le jeudi 24 novembre 1468, à L'Hay près de Bourg-la-Reine, à une courte distance de Paris. Il n'était pas chez lui, mais chez le trésorier des guerres, comme le prouve l'article par lequel on donne six livres « à Jacquete, chambrière du trésorier des guerres, où mondit-seigneur trespassa, pour la peine qu'elle avait eue ». Le trésorier des guerres, il n'y en avait qu'un en France, s'appelait en 1468 Antoine Raguier. La charge était héréditaire dans la famille, et aussi la seigneurie de L'Hay. Celle-ci appartenait, en 1436, à messire Charles Raguier, chanoine d'Orléans (1).

Dunois souffrait de la goutte. L'un de ses biographes, Barrois, nous apprend qu'il en avait failli mourir, le 15 juin 1453, au château de Saint-Jean-d'Angély, où il reçut le Saint-Viatique à genoux. En 1468, la maladie fut longue ; il était déjà alité lorsqu'il fit rédiger son codi-

(1) Acte du 16 avril 1436, devant D. Delasalle. — Étude Gillet, à Orléans.

cille, le jeudi 8 novembre, dix-sept jours avant sa mort.
Dans cet acte, il augmente les legs de Julien Chapellain et
Michelet Robeton, ses valets de chambre, et de Jean Picheron, son secrétaire, « pour la paine qu'ils ont eue en ceste
présente maladie ». Il avait encore auprès de lui son fidèle
bailli de Dunois, Florent Bourgoing, qui le soignait dans
cette « chambre de demi-satin noir couctepointée, à ciel,
dossier, couverture et deux courtines de bougran noir, laquelle monseigneur porte toujours dehors avec lui ». Il
avait aussi emporté de Châteaudun une relique de la vraie
croix qui ne le quittait jamais.

Jean de la Garde, apothicaire à Paris, prépara les mé-
dicaments, et l'on paya 13 l. 15 s. t. à Charles de Mau-
regard, « médecin, pour sa peine d'avoir visité feu monditseigneur en sa maladie audit Lay ». Ce fut messire
Guillaume de Châteaufort, docteur en théologie, qui vint
« de Paris audit Lay durant la maladie de feu monditseigneur pour le confesser et estre à son trépas : où il a
esté par plusieurs journées ». Dunois avait fait venir de
Châteaudun un autre docteur en théologie, Guillaume
Jaquelin.

Après le décès, le corps fut lavé, embaumé, enseveli dans
une toile et mis dans un cercueil de plomb ; les entrailles,
« enfoncées » par un tonnelier, devaient être portées à
Beaugency et le cœur à Châteaudun. Yvon Fourbault,
peintre parisien, fournit 374 écussons aux armes du défunt,
pour L'Hay, fit la peinture autour de l'église et noircit une
chapelle de bois mise sur le corps pendant le service. Des
chandeliers de plâtre, fixés aux murailles, portaient le
luminaire, et 90 chapelains célébrèrent des messes en
présence des quatre ordres mendiants venus de Paris.

Puis la dépouille précieuse, recouverte d'un poelle en
drap et velours noir, fut déposée sur un chariot peint en

noir, conduit par deux pages montés sur les chevaux. Suivait un cortège réglé par le défunt et composé de gentilshommes, officiers et serviteurs vêtus de deuil, portant bannière, guidon, étendart et pennon aux armes du Bâtard, dix chapelains à cheval, cinquante pauvres, en robe et chaperon de drap noir, munis de torches aux armes du défunt. On descendit la côte de L'Hay jusqu'à Bourg-la-Reine, où l'on rejoignit la route de Paris à Orléans ; et le voyage funèbre commença.

Il dura seize jours, avec stations à Montlhéry, Étampes, Le Puiset, Saint-Péravy-la-Colombe, Beaugency et Cléry ; puis le cœur, renfermé dans une caisse de plomb recouverte de toile noire, revint de Cléry, toujours sur le chariot, par Beaugency et la Ferté-Villeneuil, à Châteaudun. Le clergé avec la croix venait au-devant du cortège, et le chariot entrait dans les églises, où il passait la nuit après le service.

Germain et Richart Fé bâtirent des chapelles de bois à Cléry, Beaugency et Châteaudun ; Pierre, peintre d'Orléans, décora les écussons pour Cléry, et l'architecte de la chapelle Saint-Jean, Simon du Val, y construisit le caveau du comte, tout auprès de celui de la comtesse sa « bonne sœur et compaigne », suivant leur volonté suprême. Dans la chapelle, on suspendit la bannière, le guidon, l'étendart et le pennon du défunt. Cent trente quatre prêtres célébrèrent la messe le jour de l'enterrement.

Après avoir beaucoup abrégé, terminons par un détail sur le monument funèbre. En 1463, les nobles époux déclaraient vouloir qu'on mît sur leur sépulture deux tombes de cuivre ou d'albâtre. Comme nous l'avions supposé, c'est le cuivre qui fut choisi et l'exécution fut confiée au fondeur parisien Jean Morant, qui avait déjà fourni l'aigle de la Sainte-Chapelle. Un premier acompte

fut donné en signant le marché, et une somme de 412 l.
10 s. plus tard ; enfin nous avons la mention de l'achèvement de l'œuvre dans l'article suivant : « à Jehan Morant,
de Paris, pour le reste à lui deu de la sépulture de feu
monditseigneur et pour les voicturiers qui ont admené de
Paris à Cléri les représentations de feu monditseigneur et
dame, de cuyvre, et pour les journées dudit Morant et de
ses varletz, à asseoir ladite sépulture iiij^{xx} xviij l. xiij s.
ix.d. »

Il semble que cette œuvre d'art, pieusement déposée sur
le tombeau du grand Bâtard pour en garder les traits et
la mémoire, devait être l'objet d'un éternel respect, sinon
d'un culte patriotique. Nous savons pourtant qu'elle fut
enlevée par des mains sacriléges, en 1562, pendant les
guerres de religion, et qu'elle fut fondue, comme tant
d'autres, à l'arsenal protestant d'Orléans.

De telle sorte que l'effigie du héros qui rendit la paix à
son pays fortement reconstitué devint, un siècle plus tard,
l'arme d'une lutte fratricide, dont le prolongement mena-
çait notre pauvre France d'un nouveau démembrement.

DOCUMENTS SUR JEAN, BATARD D'ORLÉANS

I

TESTAMENT DU BATARD D'ORLÉANS ET DE MARIE D'HARCOURT

(3-4 octobre 1463).

En nom du Père, du Filz, et du Saint Esperit, *Amen.*

L'an de la nativité de Nostre Seigneur mil quatre cens soixante et trois, et le troisiesme jour du mois d'octobre, nostre sainct père le pape Pie segond et le très chrestien prince Loys, par la grâce de Dieu roy de France, régnans ; sachent tous présens et à venir que, en présence de nous notaire apostolic impérial et royal, et des tesmoings cy dessous escripts personnellement establis, très hault et puissant seigneur Jehan, conte de Dunoys et de Longueville, seigneur de Partenay, et très haulte et très puissante dame Marie de Harecourt, contesse et dame d'iceulx lieux, sa femme, lesqueulx conte et contesse ; c'est asscavoir, la dite dame contesse avec l'authoritté, congié et licence de nostredit seigneur le conte de Dunoys son mary, tous deux ensemble d'un consentement et d'une mesme volonté, estans en leurs bons propoux et vallable mémoire, sains de pancées et d'entendement, considérans et attendans qu'il n'est choze plus certaine que la mort et plus incertaine que l'eure d'icelle, voulans prévenir icelle pour porvoir à leurs âmes et donner provision à leurs terres, seigneuries et biens meubles, afin d'éviter débats et questions qui s'en pourroient ensuir entre leurs hoirs et successeurs ;

Ont fait ensemble et ordonné leur testament et darnière volenté en la fourme et manière que s'ensuit :

Et premièrement, en faisant le signe de la vraye sainte croix, ont recomendé et recomendent leurs âmes à Dieu, nostre créateur et rédempteur, et à sa benoiste glorieuse mère la Vierge Marie, à monsieur saint Michel l'ange, saint Jehan Baptiste et à toute la court célestielle de paradis.

Et, quand sera le plaisir de Nostre Seigneur qu'ils trespassent de cest monde, ont volu et ordonné, veullent et ordonnent que, en quelque lieu qu'ils trespasseront leurs corps soient portez et mis en l'esglize de Nostre Dame de Cléry et en la chappelle saint Jehan Baptiste, et dessus iceulx mis deux tumbes de cuivre ou alabastre qui n'ayent par sus le pavement que trois doiz, et sur icelles soit escript ce que par leurs exequteurs dans escripts sera dict advisé et ordonné.

Item ont volu et ordonné veullent et ordonnent les dits conte et contesse que, pour l'édiffice de ladite chappelle saint Jehan Baptiste dudit lieu de Cléry et ornemens d'icelle, soient baillés douze cens escus d'or, c'est asscavoir huit cens pour ledit édifice et quatre cens pour iceulx ornemens.

Item ont volu et ordonné les dits conte et contesse, veullent et ordonnent que la messe par eulx autrefois fondée en ladite chappelle de saint Jehan de Cléry soit à moitié entre eulx et pour eulx, et semblablement celle qu'ils ont fondée en l'église de Nostre Dame de Baugency.

Item ont volu et ordonné, veullent et ordonnent que soient dites et célébrées, pour leurs âmes et en rémission de leurs péchez et forfaits, sept mille messes, dont les quatre mille en seront des trespassés, et les trois mille de Nostre Dame, en ce compris ce qui en aura esté dit depuis autre testament par eulx fait avant cetuy présent.

Item ont volu et ordonné, veullent et ordonnent que soit donnée la somme de sept cens francs à jeusnes filles pucelles pour leurs mariages, en ce compris ce qui auroit esté baillé despuis autre testament par eulx fait.

Item ont volu et ordonné, veullent et ordonnent estre donné

de leurs biens la somme de sept cens frans aux pouvres en sept villes, c'est asscavoir Orliens (1), Chartres, Bloys, Chasteaudun, Baugency, Longueville et Partenay ; c'est asscavoir en chacune ville cent frans.

Item ont volu et ordonné, veullent et ordonnent qu'après leur trespas soit distribué à leurs servans et servantes, à la discrécion de leurs exécuteurs, la somme de sept cens frans.

Item ont volu et ordonné, veullent et ordonnent que pour la réparation de l'esglize des Cordeliers de Chasteaudun soit baillée de leurs biens la somme de cent frans.

Item veullent et ordonnent que pour l'achavement de la sainte Chappelle estant en leur chasteau de Chasteaudun et pour le logis des religieux qui y seront soit baillée la somme de deux mille frans.

Item veullent et ordonnent que pour faire le divin service en ladite chappelle, c'est asscavoir pour dire toutes les heures ordonnées par l'esglize, et chanter deux grans messes par chacun jour, dont la première sera de Nostre-Dame et l'autre du jour, y ait un prieur, quatre prestres et quatre cueriaux (2) de l'ordre saint Augustin et de regle et habit comme sont les religieux de sainct Victeur lez Paris.

Item les dits conte et contesse pour le vivre et sustentation des dits prieur et religieux ont donné et fondé, donnent et fondent deux cens frans de rente par chacun an, tant en deniers que en blez, vins, bois, estancs et autres revenues, dont les cent seront assis ès duchié d'Orliens, contés de Chartres, Bloys et Dunoys, et les cent autres frans sur leur terre et seigneurie de Haurel (3) estant au pays de Haynaut ; et entendent les dits conte et contesse que, si par eulx ou leurs hoirs estoit assize ou baillée ès pays dessusdits ladite somme de cent frans de rente

---

(1) A cette époque, la forme *Orliens* était surannée. On ne l'a plus guère employée, dans l'Orléanais, à partir du siège, ou, si l'on veut, à partir du milieu du XVe siècle ; mais l'acte est rédigé dans une contrée éloignée, à Arles, où l'ancienne forme avait persisté.

(2) Pour choriaux, choristes, chantres.

(3) *Alias :* Haurech.

en acquittant et deschargeant ladite terre de Haurel, que eulx
et leurs hoirs le puissent faire.

Item veullent et ordonnent lesdits conte et contesse estre
achatée la somme de quarante livres tournois de rente au pais
de Poictou, pour fondation d'une basse messe laquelle ont
fondée et ordonnée estre dite et célébrée chacun jour en l'esglize de Mervent pour le salut de l'âme de leur fille Jehanne,
enterrée en icelle esglize.

Item veullent et ordonnent que les escolliers et estudiens en
théologie qu'ilz tiennent à Paris soient soustenus et maintenus
tant qu'ilz auront le degré de maistres en théologie, et que ce
qu'il conviendra fraier, pour parvenir jusques à la perfection et
venue en icelluy degré, soit baillé ainsi qu'il a été fait par eux à
autres qu'ilz ont tenu aux écolles.

Item veullent et ordonnent lesdits conte et contesse que leurs
léalles debtes soient payées.

Item pour ce que leur fille nommée Marie n'a volu tenir les
vueulx et promesses par elle fais à Dieu, nostre créateur, de estre
religieuse toute sa vye et en l'ordre de religion de sainte Clere,
et que despuis par sa dampnable volenté, elle estant en leur
compagnie doucement et honnestement traictée, sous coleur et
umbre de confession, le jour de l'Asumption de Nostre Dame,
occultement et clandestinement s'est liée et promise par mariage
à Loys soy portant bastard de Borbon, sans le voloir, sceu, ne
le consentement d'eux ne autres leurs parens, en quoy gran-
dement a mesprins et offencé, premièrement envers Dieu nostre
rédempteur, en tant qu'elle n'a observés ne gardés les vueulx et
promesses par elle faicts, esté contre l'ordonnance de Dieu et
la coustume par l'Esglize en l'ordre de mariage, déceu et fraudé
iceulx soubz coleur de dévotion et n'a gardé l'amour et obéissance que enfans sont tenus de garder envers leurs pères et
mères, et contre le commandement de Nostre Seigneur ; pour
la quelle cause, et à fin de donner exemple à toutes filles, et
mesmement à filles de nobles et haultes maisons, que vueulx
faiz à Nostre Seigneur de propouz délibéré soy doivent observer
et tenir sans soy en départir ne prendre autre voie sanz pre-

mièrement en avoir licence et congié, pour ce faire, de nostre
saint père le Pape ou autre ayant de ce faire povoir et puissance,
en rendant l'obéissance à nostre mère sainte Esglize comme
faire se doit, en après que l'oneur et obéissance telle que par les
enfants doit estre faicte à père et mère soit gardée et observée ;
pour ce que dessus, lesdits Jehan et Marie, conte et contesse de
Dunoys, ladite Marie leur fille ont privée et deshéritée, privent
et deshéritent, elle et les siens qui d'elle pourroient venir et
yssir, à tousjours, de toutes successions qu'elle ou les siens pourroient avoir d'eulx, tant des terres qu'ils ont et possèdent de
présent que de celles qui advenir pourroient à eulx et à leurs
autres enfans, tant par lignée collatérale comme autrement,
avecques ce de tous leurs acquestz faits et à faire, ensemble de
tous leurs meubles présens et advenir.

Item veullent et ordonnent lesdits conte et contesse, à noble
et honneste damoiselle Kathelline, leur fille, pour tout son droit
de partage, institution, succession et légitime qu'elle peut ou
pourroit, en et sur tous leurs biens meubles et immeubles, la
somme de quarante mille escus d'or, c'est asscavoir la seigneurie
et baronnye de Geay estant au pays de Savoye près de la ville de
Genève, laquelle seigneurie leur a esté baillée et transportée
pour le prix et somme de vingt-trois mille escus d'or, pour
icelle somme et le surplus montant à dix-sept mille escus d'or
en argent et meuble ; laquelle somme de quarante mille escus
d'or, en cas que ladite fille n'eust hoirs de son corps procréés en
loyal mariage, veullent et ordonnent qu'elle vienne et retourne
à Monsieur Francoys leur filz, et aux siens de luy descendus en
loyal mariage, ou autres de leurs enfans advenir. Et, car le chief
et fundament de chascun testament c'est l'institution d'héritier,
pour ce les dessusdits conte et contesse, de commun consentement et accord par ensemble, en tous leurs autres biens,
terres et seigneuries, dont à présent sont possesseurs et qui
leur pourroient advenir tant par succession, don, acquest,
comme autrement, et autres biens meubles et immeubles présens et advenir, ont fait, institué et ordonné par la teneur de ce
présent testement, font, instituent, ordonnent et nomment de

leur propre boche leur hérittier universel, c'est asscavoir le dessusdit Francoys monsieur ceur fils et ses enfans, et les enfans de
ses enfans faiz et procréés en loyal mariage : et entendent lesdits conte et contesse que si le plaisir de Nostre Seigneur estoit
qu'ilz eussent autres enfans masles ou femelles, que ilz puissent
venir et avoir leur droit ; et se il advenoit que leurdit filz
Francoys n'eust aucuns hoirs dessendus de sa chair en loyal
mariage et que lesdits conte et contesse n'eussent autres enfans ;
en ce cas, veullent et ordonnent lesdits conte et contesse que
toutes lesdites terres et meubles que de présent ilz ont, et qui
leur adviendront, soient et demeurent à leur dite fille Katherine
et à ses enfans, et aux enfans de ses enfans dessendus d'elle en
loyal mariage.

Et pour faire et accomplir l'exéquution de cest présent testament, lesdits conte et contesse ont fait, constitué et ordonné,
font, constituent et ordonnent leurs exéquuteurs ; c'est asscavoir
noble et honorable personne le seigneur de la Choletière (1),
messire Estienne Le Fuzelier, doyen en l'esglise de Saint-
Sauveur de Bloys, et maistre Fleurent Bourgoin (2), bailly de
Dunoys, et chacun d'eulx et les deux des trois, auxqueulx ils ont
donné et donnent plein povoir et puissance de faire et accomplir,
de leur propre authorité et sans congié d'aucune court laye ou
aultre, leurdit testement et ordonnance, tout ainsy que par eulx
dessus a esté dit et ordonné en ce qui touche le fait de leurs
âmes. C'est leur darnier testement, ordonnance et darnière volenté, laquelle ils veullent estre observée, gardée et exéqutée
ainsy que dessus est dit, et si autre testement ou ordonnance
avoient faicte ou temps passé, icelluy ou icelle ont révocqué et
révocquent et annullent, cest présent testement demeurent en

(1) Jean Chollet, seigneur de la Cholletière, Orrouer (Eure-et-
Loir) et de Dangeau (Eure-et-Loir), était chambellan du roi et maître
d'hôtel du roi et du comte de Dunois. (Minutes de Jacques Barilleau,
notaire à Beaugency.)

(2) Florent Bourgoing, sieur de Concire, Lailly (Loiret), conseiller
du duc d'Orléans, lieutenant général du maître des eaux et forêts du
duché d'Orléans.

sa fermeté et valeur, en priant et requerrant tous les tesmoins dessus nommés que leur souvegne de ce que dit est et que, en portant témoignage de vérité quant temps et lieu sera, sy besoing est et requis en sont, et nous, nottaire dessusdit que nous ayons à faire, à leurs hérittiers dessusdits et autres à qui appartiendra, public instrument ung ou plusieurs, tant que besoing sera.

Fait et passé a esté ce présent testement en la cité d'Arle en Provence, en la maison de messire Jehan Arlatan, chivalier. Présens ad ce et priés en tesmoings, nobles et honnorables personnes : mons. Jehan Choulet, chivalier, seigneur de la Chouletière, Guillaume de Théligny (1) escuier, maistre Jehan Garnier (2) maistre en arts et licentié en decretz, messire Nouel Boyssard, prestre clavaire et gouverneur de la maison de l'archivesché d'Arle, messire Guillaume Buchery, curé de l'esglise de saint Lucien d'Arle, messire Raimond Antoine, prieur de Nostre Dame de la Principal d'Arle, maistre Jehan Rohard, nottaire royal d'Arle, et nous nottaire dessusdit.

En après, lendemain dudit jour qui est le quatreiesme jour d'octobre, en présence des tesmoings, c'est asscavoir : mons. de la Chouletière chevalier, Guillaume de Théligny escuier, maistre Jehan Garnier, messire Nouel Boyssard, Guillaume Buchery et Raimond Antoine, prestres, et de frère Raniel Ferrand, de l'ordre de saint Dominique, lesdits conte et contesse ont dit et expousé à nous nottaires dessusdits, et dans escripts, qu'ils ont fait autresfois entre eux, et l'un à l'autre au survivant, donnation mutuelle de leurs biens, hérittages, seigneuries et meubles, qu'ils tiennent et possèdent de présent et qui leur pourroient advenir, doubtant que par la teneur de cest présent testement soient rompues pour ce nonobstant ce que dit est audit teste-

(1) Guillaume de Théligny, seigneur de Lierville, Verdes (Eureet-Loir) et de la Touche-Hersant, Lanneray (Eure-et-Loir), maître d'hôtel du comte de Dunois.

(2) Jehan Garnier, trésorier de l'église collégiale de Saint-André de Châteaudun, chanoine de l'église collégiale de Cléry, maître et administrateur de l'Hôtel-Dieu de Beaugency, conseiller du comte de Dunois.

ment, ont volu et ordonné, veullent et ordonnent lesdits conte et contesse, en rattiffiant ce qui par eulx autresfois a esté fait, que icelles donnations mutuelles par eulx autresfois faites ayent fermeté et valeur, tout ainsy et en la forme et manière que en icelle est contenu. Dhabondant, en tant que besoing seroit, ont fait et font de présent lesdits conte et contesse entre eulx, l'un à l'autre au survivant d'eulx, donnation mutuelle de tous leurs biens, héritlages, seigneuries et meubles qu'ilz ont, tiennent et possèdent de présent, et qui leur pourroient advenir, ainsy que dit est et que autresfois ont fait. Fait et passé en l'hostel que dessus, présens les tesmoings que dessus et moy, Denys de Chastelus, nottaire apostolique impérial et royal, habitant de Baucaire, qui, en toutes les choses dessusdites ay esté présent, et d'icelluy requis par lesdits conte et contesse testateurs, ay receu notte de laquelle cest présent testement et grosse en parchemin en forme publique et authantique est extrait, et faite collation, dont me suis soubscript de ma propre main et signé de mon seing authantique duquel je use desd. authorité, en tesmoing de vérité, à corroboration et fermeté des chouses dessusdites. Et, pour plus grande fermeté et sureté d'icelluy, lesdits conte et contesse ont signé de leurs mains, et scellé cest présent testement de leurs sceaux d'armes, les an et jour dessusdits.

CHASTELUS.

J'ay, Nicolas Ymbert, nottaire royal, habitant dudit lieu de Baucaire, esté présent ès choses dessus dites et en chacune d'icelles, et requis par les lesdits conte et contesse testateurs, me suis soubzcript et signé de mon seing auchthentique duquel je use par ladite authorité réalle, pour leur cauthelle et plus grande corroboration et seureté des choses dessus dites, l'an et jour dessus dis (1). YMBERT.

(1) Texte imprimé au tome VII de la *Vie des grands capitaines français du moyen âge*, par Mazas, pages 301-307, et au tome IV, pages 422-429, des *Mémoires de la Société archéologique de l'Orléanais*, corrigé d'après les versions du manuscrit 433 de la Bibliothèque d'Orléans et des manuscrits 1122 de Clairambault et 16 des portefeuilles Lancelot, à la Bibliothèque nationale.

II

TESTAMENT OLOGRAPHE DU BATARD D'ORLÉANS

Paris, veille de Saint-Michel (29 septembre 1468).

In nomyne patris et filyi et spiritus santy, amen.

Pour ce que en ce monde n'est choze plus certaine que la mort, ny moins certaine que le trépas et heure ; par quoy appartient à toute personne, tandis qu'il a son mémoire bien dispozé, faire son testament et derrenière ordonnence ; à la quele cause Je Jehan, conte de Dunois et de Longueville, seigneur de Partenay, grant chamberlan de France, foiz à présent mon testement tel comme je vueil et ordonne estre fait et accomply, selon et en la forme que cy après s'ensuit :

I. Et premièrement, je recommende mon arme à Dieu mon créateur, à sa benoiste gloryeuse Vierge mère, à Mons. Saint Michel l'ange, Mons. Saint Jehan Batiste, aux benoiz apostres, saints et saintes, anges, arquanges, et généralement à toute la court de Paradis.

II. *Item*, je vueil et ordonne que, après que auray rendu l'esperit et mon arme séparée de mon corps, mon dessusdit corps soit porté en l'Esglize de Nostre Dame de Cléry, mis et pozé en la chapelle que je y ay fait faire, tout auprès du corps où repoze Marye de Harcourt, ma bonne seur et compaigne, à quy Dieu pardoint ; et que, du lieu où je décéderay, pour accompaigner mon dit corps jusques audit Cléry, seront cinquante poures qui porteront chacun ungne torche, qui seront allumées à l'entrée et yssue des lieus et villes où mondit corps ce arrestera ; et aront yceulx poures chacun robe et chaperon de drap noir ; et pour leur despenxe et salere, à chacun pour jour xv blans, à conter depuis le partement jusques aux temps qu'ilz pourront estre retournez ; aveques ce, pour mondit corps accompagner, seront x prestres quy diront au vespre vigille de mors et le matin grant messe à note de *requien*, auxquels sera fait leur despence de boire et manger, et giste; et pour leur salaire x soulx tournois pour jour, à compter du temps qu'ilz aront peu mettre, alant et retournant.

III. *Item*, je vueil et ordonne qu'ilz soient mandéz xxx prestres, en oultre les x, pour eulx trouver à Cléry au temps que mondit corps y sera; pour faire le service de vigilles et des messes qui ce diront le jour dé mon enterrement, qui ce prendront à Chasteaudun : c'est assavoir, de la Madelène, de Saint André, de la Sainte Chapelle et de Saint Franssois, qui aront par chacun jour, tant pour aler que retourner, pour leur despence et salaire, chacun xii sols tournois; et sera prié l'abé de la Madelène à y venir; et les autres dix ce prendront en l'Eglise de Notre Dame de Cléry et à Mehun-suz-Loire; lesquelx, pour leur despence, salaire, [aront] xii sols tournois; et sera prié l'abé de Bogency de y venir, lesquelx dessusdiz abbés célèbreront les deux messes qui ce diront à note, la première de Notre Dame et l'autre de *requien*; et à tous les prestres qui, ledit jour de mon enterrement, sélébreront, tant les mandéz dessus diz que autres, aront pour la messe v sols tournois.

IV. *Item*, je vueil et ordonne la somme de cent cinquante frans pour le luminaire et escussons qu'il conviendra faire. Aveques ce la somme de deux cens [frans] pour donner aux pourés; c'est assavoir : iiii blans à chacun poures et vi blans à poures fames nourices, auxquels, après l'ausmosne livrée, sera requis eux mettre à genolz, priant à haute voix, les vizaiges tournez vers l'Esglize de Notre Dame (1), par troiz foiz : Dieu, miséricorde.

V. *Item*, à tous mes serviteurs, qui n'aront maistre, sera baillé robes et chaperons de noir, c'est assavoir : aux gentilshomes, mes clers, ceulx de ma chambre, et archiers qui n'aront

______

(1) Il est impossible de n'être pas frappé du rapport qui existe entre cette disposition et le vœu de Dieppe.

maistre, drap de deux escus, et aux autres officyers servans, de deux frans et le blanchet pour les doubler ; et seront tous yceux qui accompaigneront, eux et leurs chevaux, desfraiés de boire et manger et de giste, aussy les dessus diz abés.

VI. *Item*, je ordonne estre dit par ung an ungne messe à note, diacre et soux diacre, en la chapelle où sera mondit corps ; et, en la fin d'icele, suz les sépultures de moy et de ma fame : *de profundis*, ungne oraison pour l'arme de moy et madite compaigne, et *Fidelion* (1) ; et aux quatre ordres Mandiens d'Orliens, quatre ; et deux aux Cordeliers de Chasteaudun ; et sera baillé pour icelles VII messes quatre cens frans ; c'est assavoir : cent pour la haute, et troiz cens frans pour les autres VI messes.

VII. *Item*, ordonne estre donné, pour Dieu et en aumosne, la somme de VII cens frans en VII villes ; c'est as-avoir : en la ville de Chartres, c. l. t ; en la ville de Tours c. l ; en la ville de Blois, c. l ; en la ville de Chasteaudun, c l ; en la ville de Partenay, c l ; à Bogency et à Longueville, cc l.

VIII. *Item*, je ordonne estre entretenue l'ausmosne de cent poures pour ung an, c'est assavoir L à Chasteaudun, XXX à Bogency et XX à Cléry.

Item, je ordonne estre donné et emploié VIII [c] frans, pour le mariage de cent filles pucelles, es lieux qui s'enssuivent : à Chasteaudun, XXX ; à Partenay, XXX ; à Longueville, XX ; et à Bogency XX ; c'est assavoir es villes et sies (2).

IX. *Item*, je ordonne à la fille de Alardin, Marie de Bertemont, II^c frans pour son mariage, à cause du service qu'elle a fait à ma dessusd. fame ; et aussy à Symonne Sicarde (3) pour le bon service qu'elle (*sic*) [a fait] à moy et à mad. fame cent l. ; et XXX l. sa vie durant, suz la revenue de Marché noir, avequcs

(1) C'est la Collecte de la *Commémoration des fidèles trépassés*, qui commence ainsi : *Fidelium Deus*, etc.

(2) Nous pensons que le copiste a mal lu ce dernier mot, qui devait commencer par F ; on écrivait encore : *fiés* pour *fiefs*.

(3) Dans le vol. XXII des *Mémoires de la Société archéologique et historique de l'Orléanais*, nous avons reproduit les hésitations du

ce que je donne aux Cordeliers de Chasteaudun pour aider à la réparacyon de leur Esglise, cent frans.

X. *Item*, je donne à mes poures serviteurs la somme de VIII [c] l. tournois, pour icele estre baillée et distribuée ainsy qui s'enssuit : aux trois serviteurs de ma chambre, Michelet, Moyse et Julyen, trois cens l. et toutes mes robes ; à Colins, mon queus, IIII^{xx} l. ; au grant *Germain, guarde de ma tapicerie, IIII^{xx} l. ; à Phelipot, IX l. ; au Piquart, XL ; à Jehan Dugué, Mitayne Gervaize et Jehan Cauchon, à chacun XXV l. ; à Simon le Varlet de sommiers, XXX l. ; et, sa vie durant, sur la recepte de Chasteaudun, XVI l. t. ; à Symon, le portier de Bogency, XX l. ; à la fame de cuisine, X l. ; à Nicolas le Genevoiz, XL l. ; à mon palefrenier, XXX l. ; et le reste là où par mes exécuteurs sera advizé.

XI. *Item*, je vueil et ordonne estre dite et célébrée ungne messe basse, pour l'arme de Jehan de Saveuze, à la sainte Chapelle de Chasteaudun, par chacun jour, de cy à quatre ans ; c'est assavoir : en la sepmaine, les quatre jours de *requien*, et trois de Nostre Dame ; et pour ce faire aront XL frans par an, et pour les services et biens qu'il m'a faiz sera départy au poures en la ville de Bloys dont il a esté gouverneur, II^c frans.

XII. *Item*, je vueil et ordonne que la revenue de la ville et seigneurie de Bray sur Sainne, laquele j'ay afermée à maistre Mathieu Beauvarlet, à la somme de deuz cens franz, soit mise et demeure en la main de Deniz le Breton, pour icele employer au vivre de VI escoliers que à présent je tieng à l'estude, et jusques à ce que iceulx aient receu le degré de Théologie, et pour à iceluy degré parvenir ; c'est assavoir : pour leurs vesperies, et à chacune, XL l. t. ; et pour chacune feste, C. l. t. et ungne queue ou muy de vin XII l. qui est en somme IX^c XII l. t.

copiste à propos de ce nom. Il faut lire Simonne Sicard, ou, selon l'usage d'alors : la Sicarde. C'était une demoiselle de la comtesse de Dunois, qui fut longtemps auprès d'elle, et, après sa mort, demeura au service du Bâtard. L'inventaire des livres indique le prêt qu'on lui fit d'un psautier en français. Elle s'occupait de la lingerie et des broderies, après la mort de la comtesse.

XIII. *Item*, je vueil et ordonne que mes léales debtes soient
aquitées, lesqueles et dont je suis recors, pour ce que ay volenté
de m'en aquiter, je ne déclaire point en ce present testament,
maiz le déclaireray en ung escript attaché en icelluy, lequel
sera escript et singné de ma main et my le contresel de mon
seau.

XIV. *Item*, et pour fournir et accomplir les chozes cy dessus
escriptes en ce présent testament, je vueil et ordonne qu'il y
soit mys et emploié les trois mille v^c escus d'or que Jehan de
Beaulne, marchant de Tours, a de moy en guarde, et dont j'en
ay sa cédule; et ou cas que lad. somme n'y pourroit fournir,
qu'il en soit prins, pour ce faire, de l'argent que Denys le Breton
a de moi en guarde.

XV. *Item*, je ordonne estre mes exécuteurs George de Brilac
s^r de Courcelles, Me Fleurens Borguoing baillif de Dunois et
Jehan de Myneray, changeur du Trésor ; auxquelz, et à chacun d'iceulx, je done plain pouoir de faire et accomplir les
chozes dessusdictes et declairées ; et, pour leur peine et salaire
à ceulx qui y vaqueront, done à chacun c l. tournois ; et à ce
faire oblige tous et chacun mes biens meubles et immeubles.
En tesmoing de ce ay escript et singné de [ma] main cest présent
testament, et plaqué le scel de mes armes. Fait en la ville de
Paris, la veille de la feste de Saint Michiel M CCCC LXVIII.

JEHAN.

Le sceau n'y est plus.

Original en parchemin estant en la chambre des comptes de
Chasteaudun, armoire Dunois, liasse C, 2 (1).

(1) Copie du XVIIe siècle sur papier, in-fol. ; folios 372-374 du
Ms. 1136 Clairambault (26e de l'Ordre du Saint-Esprit), à la Bibliothèque nationale.

III

ÉTAT DES DETTES ET CODICILLE DU BATARD D'ORLÉANS

(8 novembre 1468).

A tous ceulx qui ces présentes lettres verront, Robert d'Èstouteville, chevalier, seigneur de Beyne, baron d'Yvry et de Saint Andry en la Marche, conseiller chambellan du Roy notre sire et garde de la prévosté de Paris, salut. Savoir faisons que pardevant Jehan du Conseil et Nicolas Ripaut clercs notaires jurez du Roy notredit seigneur, de par luy establis en son chatelet de Paris, fut présent en sa personne très noble et puissant seigneur Monseigneur Jehan, conte de Dunois, de Longueville, seigneur de Parthenay et grant Chambellan de France, gisant au lit, malade, et ayant bon propos, mémoire et entendement, comme il est apparu auxdits notaires; et afferma pour vérité, en la présence desdits notaires, que naguaires il avoit fait son testament ou ordonnance de derrenière voullenté, escript de sa main, signé de son seing manuel et scellé du scel de ses armes; et pour ce que, en faisant par luy icelluy testament, entre autres choses a voullu et ordonné en général que toutes ses deptes et torsfaiz feussent et soient payez et amendez par ses exécuteurs nommez oudit testament; Icellui seigneur pour décharger son âme et acquiter sa conscience, comme raison est, a déclairé et déclaire, en la présence desdits notaires, au plus qu'il a peu et sceu, toutes les debtes qu'il povoit devoir aux personnes auxquelles il se sentoit estre tenu envers eulx : et oultre et avecques ce fait plusieurs laiz et ordonnances testamentaires, par manière de codicille, en augmentant icelui testament, contenuz et déclairez en deux fueillets de papier par luy baillé et leu de mot à mot par lesdits notaires, contenant la forme et manière qui s'ensuit :

Sensuivent les debtes que Monseigneur Jehan conte de Dunoys a déclairé estre par luy deues, et lesquelles il veult et ordonne estre paiées aux personnes et en la manière qui s'ensuit. Premièrement veult et ordonne estre baillé et payé aux héritiers de feu Monsieur de Rohan la *somme de deux mil escus*, pour toute la question qu'il luy fait de la somme de six mil escus dont il luy fait demande, qui est en sa consiance ce qu'il luy puet devoir, car de ladite somme de six mil escus dit avoir paié en vaisselle deux mil escus et les deux autres mil escus il les prent pour les intérestz et dépens de plusieurs voiages qu'il fist en Bretaigne devers mondit sieur de Rohan pour l'accomplissement du mariage de feu Monseigneur d'Angoulesme et de la fille ainsnée de mondit seigneur de Rohan, lequel fut promis de la part de mondit seigneur de Rohan et non tenu, et dont mondit seigneur de Dunoys lui faisoit question pour sesdits intérests de la somme de dix mille escus, lesquels il veult par ce moyen estre quittez. Et, ou cas que lesdits héritiers ne seroient contens de ladite somme de deux mille escus, mondit seigneur veult que le procez pour ce encommancié soit poursuy, et que, selon qu'il sera dit par icelluy procès, soit fait. *Item* veult estre paié à Guyon de Puigirault comme ayant le droit de feu Monseigneur de Chissac la somme de quatre cens escus restans de cinq cens escus en laquelle somme monditseigneur luy estoit tenu par sa cedule. *Item* veult estre paié à un marchand de Tours, qui eust épousé la fille de Cochet, cent escus. *Item* veult estre paié à Hennequin l'orfèvre tout ce qui luy puet estre deu. *Item* veult être paié aux héritiers Pierre Lesbahy, pour tout ce qu'il luy puet devoir, six vingts escus. *Item* veult estre paié à la femme et héritiers de feu Doulcet, maistre de la chambre aux deniers de feu Monseigneur d'Orléans, la somme de huit vingts escus, pour tout ce qu'il leur puet devoir. *Item* veult estre paié aux héritiers de feu Jacques Boucher, à cause d'une cédule qu'ils ont, signée de feue Madame la contesse de Dunoys, la somme de deux cens escus. *Item* veult estre paié aux héritiers de feu Faveras de Bloys, pour toutes choses en quoy il leur puet estre tenu à cause dudit Faveras, la somme de cinq cens escus, en ce comprins le deu de feu Messire Jehan du Reffuge. *Item* veult estre paié à Monseigneur de Précigny la somme de deux cens escus qu'il luy doit, de reste de trois mil escus, desquels payement a esté fait par Messire Jehan d'Estampes et Jehan Le Flament, jusques à la dite somme de deux cens escus. *Item* veult estre paié à la vefve de feu Chiefdeville de Bloys, de reste de plus grant somme, cent francs. *Item* veult et ordonne estre payé tout ce qu'il sera trouvé qu'il devra en la ville de Chartres. *Item* à (1) de Paris, la somme de quarante livres tournois qu'il a appoincté avecques luy. *Item* aux héritiers d'un hostellier, qui souloit demourer à l'hosteberge de l'Ours à Paris, cinquante francs. *Item* veult estre paié à M° Nicole Duval maitre des œuvres de son chastel de Chasteaudun tout ce qu'il luy sera et pourra estre deu, à cause de ses gaiges de cent francs par an. *Item* veult et ordonne que toutes ses autres debtes loyaument congnues ou prouvées soient payées. Outre plus veult et ordonne monditseigneur que pour faire et parfaire la petite chappelle hors le chasteau, le logeis des religieux, et pour utencilles de mesnage et livres qu'il leur convient avoir, soit paié la somme de dix huit cens livres tournois, outre et par dessus ce qui est déclairé en son testament. *Item* veut que, pour les tables d'autel, chazubles, diacres, soubsdiacres, dix chappes, six choriaulx et carreaulx, qu'il a ordonnez et donnez ès églizes de saints Martin et Gacien de Tours, esquels entrera environ deux cens aulnes de veloux, les doubleures, et aussy pour les orfraiz, soit emploié la somme de dix huit cens escus d'or. *Item* veult et ordonne que ce qu'il a ordonné estre fait en sa chapelle de Cléry tant pour les représentations de luy, et de Madame que Dieu pardoint, oratoire, chaires, tables d'autel, et chazubles que font les brodeurs de Chartres, soit du tout accomply. Et pour faire et accomplir les chozes dessusdictes, ensemble tout ce que monditseigneur a ordonné par son testament, escript et signé de sa main, et seallé du seel de ses armes, veult et ordonne estre prins et receu, par

(1) Le nom est en blanc.

ses exécuteurs nommez en son dict testament, les sommes de
deniers qui ensuivent. Premièrement la somme de trois mille
cinq cens escus en quoy Jehan de Beaune luy est tenu par
cédule signée de sa main, et tout ce qu'il doit de la somme de
trois mil francs pour partye de sa pencion dont il a esté assigné
en Auvergne en l'année derrenièrrement passée, et de deux
mil escus dont pareillement monditseigneur a esté assigné sur
le receveur de Tours, pour debte qui luy estoit deue par le Roy
en ceste presente année finissant en janvier prochainement
venant, dont les descharges ont été baillées à Jehan de Beaune
pour recevoir lesdictes sommes. *Item* veult et ordonne que ce
que Denis le Breton luy doit y soit employé et baillé à sesdits
exécuteurs, premièrement paié ce qu'il a ordonné pour ses
estolles et sépulture. *Item* veult et ordonne que ce que le receveur de Poictou luy doit, et dont il a esté assigné sur luy en
ceste présente année, soit converty en ce que dessus est dit, et
baillé pareillement à sesdits exécuteurs. *Item* pareillement veut
et ordonne que l'argent que Moisen doit apporter de Poictou y
soit employé, duquel sera paié ce que l'on a prins des gaiges
des gentilshommes du quartier passé. *Item* veut estre prins
pour accomplir les choses dessusdictes, de Anthoine Hélie
fermier des terres de Partenay, sur le terme de Noel prouchain,
mil francs. *Item* veult et ordonne y estre employé tout ce qu'il
luy puet estre deu de ce dont il est assigné en Normandie, de sa
pencion des quartiers de avril, may et juing, juillet, aoust et
septembre, rabatu les assignations qu'il a faictes sur ce. *Item*
veult et ordonne que pareillement soit emploié toutes les debtes
qui luy sont deues par Messire Robert d'Estouteville, prévost
de Paris, les héritiers Jehan Hardoin, M° Jehan Hébert, le
receveur de Chastellaillon, et deux cens escus d'or que luy doit
le frère du Carme, pour l'argent qui lui fut robé à Monstereau-
Bellay, et aussi huit cens livres qui luy sont deubs par Monseigneur de Tancarville. *Item* veult et ordonne encores que, pour
l'accomplissement des choses dessusdites, soit prins et employé
tout le sel qu'il a tant en Bretaigne, l'Isle de Bourg en Bour-
neuf en Hain, l'Isle de Neremoustier ou ailleurs, et que iceluy

soit vendu par ses exécuteurs. *Item* veult et ordonne monditseigneur que les deux mil deux cens escus, que Pierre Le Vasseur, marchant d'Orléans, a en garde de monditseigneur, et aussy dix huit cens escus que doit recevoir Denis Le Breton à Laon, ensemble les quatre mil escus qui restent à paier à monditseigneur à cause de sa terre de Gays, soit tout converty ou mariaige de Mademoiselle Katherine sa fille. *Item* veult et ordonne que si les sommes cy devant déclairées, lesquelles il ordonne estre receues par sesdits exécuteurs pour l'accomplissement des choses dessusdites et de sondit testament, se montent plus que les sommes et frais qu'il aura convenu faire et paier pour tout parfaire et accomplir, que l'outreplus soit pareillement converty ou mariage de madite Damoiselle Katherine sa fille. *Item* veult et ordonne que tous les reliquieres tant d'or que d'argent, croixs, calices tant d'or que d'argent, livres, tables d'autel, chazubles, chappes, diacres, soubsdiacres et autres ornements d'église, que il a fait faire en entencion de donner et laisser à sa saincte chapelle de Chasteaudun, y soient donnez et laissez et baillez aux religieux qui y seront ordonnez à faire le service divin en ladite chappelle. Item veult et ordonne estre baillé à Denis Le Breton, pour plusieurs services et dépences qu'il a faites pour luy, la somme de cent escus. Item veult et ordonne estre baillé à Julien Chapellain et Michelet Robeton, ses varlets de chambre, et à Jehan Picheron, la somme de cent escus d'or que monditseigneur leur donne pour la paine qu'ils ont eue en cet presente maladye, outre et pardessus ce qu'il leur a donné et laissé par sondit testament; c'est ascavoir auxdits Julien et Michelet, à chacun quarante escus, et audit Picheron, vingt escus. Item veult et ordonne monditseigneur que la queue d'une robe à femme de drap d'or violet qu'il a soit prinse pour faire une chappe, laquelle sera donnée en l'esglize Monseigneur Saint Gatien de Tours, et seront mises au derrière de ladite chappe les armes de luy et de Madame, cui Dieu pardoint, et au devant d'icelle les armes de Monseigneur le conte de Longueville son fils et de Mademoiselle de Longueville sa femme, et que les plus riches orfrais

qu'il a soient prins pour faire ladite chappe. Item veult et
ordonne que, pour la fondacion d'une messe basse perpétuelle
qu'il a fondée à l'église Notre Dame de Cléry, soit prins par les
chanoines de ladite église sur le plus cler et évident de la
revenue du domaine de la seigneurie temporelle de Cléry qu'il
lui appartient, la somme de quarante livres tournois de rente
par chacun an en faisant célébrer par lesdits chanoines ladite
messe perpétuelle comme dict est, lequel testament dont dessus
est faite mencion ainsy fait par ledit Monseigneur, Jehan conte
de Dunoys, et tous les laiz et ordonnances contenuz et declairez
en icellui, ensemble tous les articles declairez esdits deux
fueilletz cy dessus transcriptz, icelluy Monseigneur Jehan a
rattifflez, confermez et approuvez et, par ce présent codicille,
rattiffie, confirme et approuve et a pour agréables, comme bien
et deuement faits et audit testament voult et veult plaine foy
estre adjoustée, comme à ce present codicille. Et en augmentant
et accroissant icellui testament, par forme de codicille, voult
et ordonna, veult et ordonne, par ces présentes, que lesdits laiz
et ordonnances, spéciffiées et déclairez en iceulx deux fueillets,
soient du tout entérinez, payez et accompliz, selon leur forme
et teneur. Et, pour faire et paier tous lesdits laiz et ordonnances, déclairez tant oudit testament comme en ce présent
codicille, l dit testateur transporte et délaisse à sesdits exécuteurs nommez audit testament toutes les sommes de deniers
qui sont deues à icellui seigneur par les personnes dénommez
esdits deux fueilletz de papier, ensemble toutes les actions et
poursuites qu'il pouvoit avoir et demender à cause d'icelles, et
les en fait par ces présentes, dèsmaintenant pour lors, et pour
lors dèsmaintenant, vrays acteurs, pourchasseurs et receveurs
pour l'entérinement et accomplissement desdits testament et
codicille; et si a voulu et veult ledit seigneur que toutes les
lettres et cédules, servans à ce, soient baillées et délivrées à
iceulx exécutteurs, ès mains desquelz ledit seigneur se dessaisy
et dévesti, ès mains desdits notaires, de tous ses biens meubles
et immeubles, et les en saisy et vesti par ces présentes, pour
cedit testament et ce présent codicille du tout entériner et ac-

complir, selon leur forme et teneur. Et veult que, tantost luy
alé de vie à trespas, il en ayent et preignent la possession et
saisine, royaument et de fait, et tout par la meilleure forme et
manière que mieulx valoir poura et devra. En tesmoing de ce
nous, à la relacion desdits notaires, avons mis le seel de ladite
prévosté de Paris à ces lectres, qui furent faictes et passées le
mardy huitiesme jour du mois de novembre, l'an de grâce mil
quatre cens soixante-huit.   Du Conseil et Ripaut (1).

IV

INVENTAIRE DE CHATEAUDUN

INVENTOIRE FAICT A CHASTEAUDUN OU MOIS DE JANVIER MIL IIII^c LXVII

(1468, nouveau style).

Premièrement les livres estans en la tour et autres choses (2).

1. Le livre du romant de la Roze, avecques Boesse : de con-
solacion, couvert de velours gris et tanné, à dix boillons d'argent doré et les fermouers de mesmes, en l'un desquelz sont les
armes de monseigneur.

2. Item, le livre du Songe du Vergier, couvert de veloux sur
veloux vert, à dix boillons d'argent dorez et les fermouers, dont
en l'un n'a point d'esmailleure.

(1) Bibliothèque nationale. Portefeuille Lancelot 16, fol. 284-291.
Copie sur papier du XVIIIe siècle, portant cette mention : Original
en parchemin, archives de Châteaudun. Dunois O, liasse C, 2.
(2) Cet inventaire des livres a été publié par M. L. Delisle, dans
le *Cabinet des manuscrits de la Bibliothèque nationale*, t. III,
pp. 194-195. Il y fait observer que M. Kervyn de Lettenhove prend
à tort pour un inventaire de la Bibliothèque de Dunois le catalogue
contenu dans le manuscrit français 2912.

3. Item, le livre appellé Policraticum, couvert de veloux tanné, sans fermouers ne boillons.

4. Item, ung autre gros livre appellé Titus Livius, couvert de veloux gris à quatre grans fermouers aux armes de monseigneur et feu madame, que Dieu pardoint, garniz de mordans et dix grans boillons d'argent dorez.

5. Item, ung autre grant livre appelle la première partie principal du livre de Saint Augustin : de la Cité de Dieu, couvert de satin figuré noir, à dix boillons d'argent et deux fremouers d'argent dorez garniz de mordans, aux armes de monditseigneur et de feue madicte dame.

6. Item, ung autre livre de la seconde partie principal dudit livre Saint Augustin : de la Cité de Dieu, couvert de satin figuré noir à deux boillons d'argent dorez, ausdites armes et deux fremouers pareilz.

7. Item, ung grant livre appellé la Phelipine autrement L'Appocalice, avecques l'Ologe de sapience, couvert de veloux noir, à dix boillons de leton dorez et deux fremouers de mesmes.

8. Item, ung autre livre appellé Ethiques et Politiques, couvert de veloux violet, à dix boillons et deux fremouers de laton dorez.

9. Item, ung autre livre de la Propriété de choses, couvert de veloux bleu, à dix petiz boillons d'argent dorez et les fremouers de mesmes, aux armes de Monseigneur (1).

10. Item, la Légende dorée, en deux volumes, couvers de cuir rouge sans fremouers.

11. Item, ung autre livre appellé Valère couvert de blanc.

12. Item, ung autre livre appellé le Livre de Machault, mal relyé.

13. Item, ung livre de maistre Alain Chartier, couvert de rouge sans fremouers.

---

(1) Au folio 328 recto est cette mention : « Aux héritiers de feu J. de Lagrange, en son vivant demourant à Bourges, pour ung livre que feu monditseigneur avoit achapté de luy, nommé : le livre des propriétez, le prix et somme de ç escus d'or, »

14. Item, les croniques Martiniennes, avecques la vie du Roy Challemaine.

15. Item, ung aultre livre de la gouvernance du grant Cam de Catay.

16. Item, ung livre appellé Bocasse.

17. Item, ung livre des Euvangiles en francoys, lequel Madamoiselle Katherine a devers elle.

18. Item, une passion de Nichodemus, avecques le livre des Vices et des Vertuz, que Madamoiselle Katherine a.

19. Item, ung psaultier en francoys, qui a esté presté à à Simonne la (Sicarde).

20. Item, ung livre en parchemin, sans hes (1), appellé le Passetemps impérial.

21. Item ung autre livre venu de Haignault, couvert de hees, où est traictié des cinq sens corporelz, de six désirs de créature humaine et autres plusieurs traictiez.

22. Item ung livre en Ryme commençant : Deus qui es beau commencement, et eschevant : ces dis à perfection vint.

23. Item ung autre petit livre des sainctes auctoritez de saint Bernard, couvert de roige.

24. Item ung petit livre couvert de roige, qui se nomme les grans droiz de France.

25. Item ung autre petit livre appellé Charles Martel, escript dessus le vi en f (rancoys).

26. Item ung petit livre des philozophes, en francoys.

27. Item le livre de la créacion d'Adan, et de plusieurs philozophes.

28. Item le livre du Sire de la Tour, couvert d'ees, qui fut à feu Monsr de Nerbonne, lequel a Fleurentin de Coutes.

29. Item ung autre livre où il a au commencement : « Puisque la miséricorde de Nostre Seigneur, » et à la fin : « Le prince de Galilée. »

---

(1) Ces mots : *hes, hees,* comme *es, ees,* doivent s'entendre par *ais.* C'était une reliure en bois, recouverte ou non de cuir ou de parchemin.

30. Item ung autre petit livre des traictiez de pénitance.

31. Item ung autre livre appellé : Institute, en francoys, couvert d'es blancs.

32. Item ung livre de la vie du Roy Charlemaine.

33. Item ung traictié qui parle de la vie saint Anthoine abbé et confesseur.

34. Item ung autre livre commençant : « Dieu qui par sa grant puissance », et finist : « behaure fil com li enffans des ventres ».

35. Item ung autre livre en parchemin de la Destrucion de Troye.

36. Item ung livre couvert d'es, commencant : « Cil qui la haultesse, » et finissant : « Et fut tant courtoys que nul plus. »

37. Item ung autre petit livre où sont les adveuz et recongnoissances de la conté de Tancarville.

38. Item ung autre livre en papier appelle : « Composicion de la sainte escripture, » couvert de cuir sans ees.

39. Item ung autre livre en pappier appellé « le vieil testament ».

40. Item ung livre en pappier appellé « le livre du Trézor », qui parle de la nessence de toutes choses.

41. Item ung autre en pappier de la création du Monde, couvert de cuir rouge sans es.

42. Item ung livre en parchemin, de la Doctrine de cueur.

43. Item sept cagiers en pappier qui parlent de ceulx qui tendent à parvenir à l'ordre de Chevallerie.

44. Item ung autre livre en pappier qui parle de sainte Patiusse et de l'Apocalipce.

45. Item ung autre livre en latin, couvert d'es : *De omni potencia divine majestatis.*

46. Item ung autre en parchemin, de latin, où sont les explenacions sur le livre de Lévitique, autrement appellé *Radulphus super Levitiqum.*

47. Item ung autre livre en parchemin appellé : *Cantica canticorum*, couvert d'ees à boillons de cuivre.

48. Item ung autre livre en latin, appellé la Gronologie des Dieux paiens, couvert d'es.

49. Item ung livre en parchemin, en latin, appelle les distincions de maistre Pierre le Chantre de Paris?

50. Item le livre d'Alexandre, à boillons de cuivre.

51. Item ung livre appellé Godefroy de Billon lequel Monsr de Longueville doit avoir.

52. Item ung livre de Méluzine, et d'autres choses, en pappier, qué doit avoir le bailly de Dunoys.

53. Item sept années des Comptes du demaine de Dunoys, rcnduz par Denis Delorme, du temps qu'il commença à estre receveur (1).

Autres choses en ladite Tour.

Le harnois de selle de drap d'or sur cramoisy à feue Madame, complect, garny de xiiii grans boillons d'argent doré goderonnez, avecques les boucles, boutz et clouz, pareillement d'argent dorez.

Item ung autre harnois de selle d'homme, complet de veloux violet.

Item une housse à selle de veloux cramoisy, ung poitrail et deux autres morceaulx de mesmes.

Item une robbe à homme de veloux sur veloux violet bien détainte.

Item une petite robbe de satin bleu sangle de feu Jehan Monsieur.

Item une jacquecte de satin bleu, à lambeaux, sans manches.

It. une doubleure de cocte simple à femme, de vieil satin noir.

It. deux vieilles doubleures partie de taffetas et toille noire.

It. ung lé de courtine de taffetaz cramoisy.

It. une frange de soye blanche et vermeille et verte.

(1) A ces livres il faut ajouter une chronique de Froissart, engagée à La Trémoille, et dont nous avons dit un mot dans notre Introduction.

Item une pièce roignée du dossier de la riche chambre à houls, doublée de toille verte. ·

Item quatre pièces de satin cramoisy de mesmes la chambre des Bergeretes.

It. deux pièces de soiectes d'Araz vermeilles.

Item dix grans carreaux de cuir vuides, pains de jaune et de blanc à grant feuillage.

It. xvi autres petiz carreaux de cuir jaune et noir vuides.

It. deux autres carreaux meschans de cuir noir plains, à mectre soubz les livres.

Item ung autre carreau plain de meschante tappicerie.

Item ung autre de sarge vermeille meschant.

Item ung grant cuir sur les armoires qui ont esté faictes neufves en ladicte tour où sont les choses dessusdites, avecques les pennes qui ensuivent, demourées de celles qui ont esté vendues.

Trois manteaux de gris (pour les noces de Marie de Cantiers).

It. huit manteaux de mantonnez (ces huit manteaux de mantonnez, avecquez aultres viii manteaux de pénillières et quatre aultres manteaux de testes, ont esté bailliés pour fourer les robes des femmes pour le deul de feu monseigneur).

It. deux manteaux de menuver.

It. huit manteaux de pénillières.

It. quatre petiz manteaux de testes.

(It. pour fourer les robes des femmes de chambre iii manteaulx de cuisette ou la value et une penne d'aniauls pour Marguerite).

It. six tires de menuver (pour mesdemoiselles, et pluseurs autres pièces de menuver depuis le tamps des noces de Marie de Cantiers, bailliés par pluseurs fois).

It. le bas d'une penne de lovetier (de louctres).

Item huit grosses arbelastes et cinq guidaz (1).

______

(1) On trouve : « plusieurs cordes à gaindas à tendre arbalestes », dans un document des Archives départementales du Loiret, concernant un envoi de munitions à Yèvre-le-Châtel en 1420.

It. deux chasliz de lit.

It. deux grans tables à mectre tappicerie et sept tréteaux.

Item quatre canons et huit bouetes.

It. cinq autres canons, hors ladite tour, à la porte du Chastel.

It. une laiecte plaine de traict ferré.

Item plaine caque enfoncée, demie autre caque et trois sai-
chez de pouldre à canon.

Item deux sacs et trois bouestes pour faire ladicte pouldre.

Item deux grans tables pour la pelleterie, ung bers, pluseurs merraing de vieil bois, membreures, chambrilleys, huys,
fenestres, chassilz et vitres enchassées, et autres choses qui ne
se pourroient déclarer.

Item ung petit coffret d'ivoire despecié vieil.

Item ung demi ymage paint sur ung tableau de boys.

Item, ès galleries, linge de lit :

Cinq paire de draps de litz chacun de quatre lez.

It. une autre paire de quatre lez de plus ronde toille.

It. ung grant drap de trois lez bien usé.

Item trois paire d'autres draps de trois lez et demi.

It. une autre paire de quatre lez ouvrez, à mectre sur le lit
de femme gésant, de toille moienne.

It. trois grans draps de parement de gésine, de chascun cinq
lez, dont y a deux de toille de Rains, et l'autre d'atour.

It. une autre paire de draps fins de trois lez, fort usez.

It. ung drap de trois lez, de ronde toille.

It. deux paire de deux lez et demi, de toille commune.

It. trois petiz draps de deux lez.

It. deux pièces de toille que a faictes feue Madame, que
Dieux [par] doint, pour servir à l'église, l'une contenant environ xvii aulnes et demie, et l'autre vii aulnes, mesure de Paris.

It. trois grans draps de quatre lez, de toille bourgeoize.

It. ung drap de trois lez et demi, de pareille toille.

It. ung autre drap de trois lez, de plus fine toille, bien examiné (1).

____

(1) Usé.

It. ung grant drap de trois lez, de chambre, en estouppe.

It. une chambre blanche vieille de ciel et dossier.

It. deux paire de draps vieilz, de lé et demi.

It. deux clezes d'atour, à mettre sur le chevet de lit de parement, pour une femme de gésine.

It. quatre cueuvrechiefs, avecques le petit drap de parement de bers pour l'enfant.

It. huit cueuvrechiefs de toille de Rains et de Hollande.

It. xii cueuvrechiefs de toille de lin.

It. six tayes d'orillier.

Linge commun servant tous les jours à lit.

Trois paire de draps neufs, de trois lez, faiz de la toille venue de Paris.

It. deux paire de draps de deux lez et demi, faiz comme dessus.

It. deux paire de draps de trois lez, bien examinéz.

It. huit paire de draps de deux lez et demi.

It. xv pere de draps de deux lez.

Item une autre paire de draps neufs de deux lez.

Linge commun de table servant tous les jours.

Trois tabliers bien gros ouvrez à lorenges.

Ung tablier bien rond et fort usé, à l'euvre de Venize.

Ung autre tablier vieil, à l'euvre de Venize, qui ne vault guières.

iiii toailles à l'euvre de Venize, et une autre à lorenges.

xi nappes plaines, et six longieres plaines neufves.

Cinq nappes plaines neufves, faictes des toilles de Paris.

Trois autres touailles vieilles plaines.

It. six autres touailles, qui ne vallent guières.

It. huit servietes neufves, à l'euvre de Venize.

It. xii autres servietes ouvrées, qui ont autreffois servy.

It. deux autres servietes, à l'euvre de Damas.

Item, en l'eschansonnerie, unes petites armoires, ung coffre à mettre le pain, et une table qui guières ne vault, et iiij chandelliers de cuivre avecques ung broch à porter le vin.

Item, esdites galleries, a ès chambres six pere de chenez de fer, c'est assavoir, une grant paire à couronne, une autre paire à crosse, et le surplus à pommettes, dont en y a une paire de neufs plus grans.

Item unes tenailles et une meschante patelle de fer.

Item, en la cuisine, trois paelles d'acier à queue, trois paielles d'arain, ung paellon d'arain à queue, une chaudière, une petite casse, ung petit paellon d'arain à queue, ung vieil bassin à prendre eaue, une paire de cousteaux de cuisine que messire Raoul et Germain ont fait faire, ung mortier, deux moutardiers, ung grant pot de cuivre servant à la cuisine, trois broches de fer à rôtir, deux contrerotiers de feu, trois chenez, un grant greil et deux moiens, une pelle de fer, une bobeche, une table, deux treteaux, trois selles et l'estal de bois.

Ensuit la vaesselle commune servant tous les jours.

Deux poz et une couppe d'argent doré.

It. six petites tasses d'argent, dont y en a l'une rompue.

It. une esguyère d'argent.

Item trois gobellez d'argent, l'un à couvercle et pié, lesquelz Marguerite Coppine a en garde.

Item trois cartes d'estain, aux armes de Monseigneur, une pinte et une choppine d'estain.

Item dix plaz d'estain, et le bort d'un plat d'estain depechié (1), lesquelz sont près que rompuz.

Item xxj escuelles d'estain telles quelles, dont Symonne en a six et Micheau Regnard une.

(1) Dépecé, abîmé.

Autre linge de table estant en coffres ou galletas.

Deux grans tabliers, à l'euvre de Pavye, l'un plus grant que l'autre.

It. deux autres grans tabliers, à l'euvre de Venize, bien fins.

It. deux autres tabliers, à l'euvre de Venize, maindres des dessusdits.

It. deux tabliers, à l'euvre de Damas, moiens.

It. ung autre tablier grosset, bien emené (1), à l'euvre de Venize.

It. vij longières, à l'euvre de Venize, déliées.

It. trois autres longières, à l'euvre de Venize, qui ne sont pas si grans ne si déliées.

It. une autre longière, à l'euvre de Pavye.

It. une autre longière, à l'euvre de Damas.

It. quatre grosses touailles, les deux à l'euvre de Veniz', et les deux autres à lorenges.

It. xix servietes, à l'euvre de Venize, et quatre à l'euvre de Damas.

It. xij autres servietes bien fines, à l'œuvre de Damas.

It. xiv servietes bien fines à lorenges.

It. cinq dragouers, les quatre à l'euvre de Damas, et l'autre à lorenges.

It. cinq autres servietes rondes, à l'euvre de Paris.

It. une pièce à faire tabliers, à l'euvre de Venize, contenant xix aulnes à l'aulne de Paris.

It. une autre pièce de tabliers, à ladite euvre, contenant xv aulnes.

It. une autre pièce de tabliers, à ladite euvre, contenant pareillement xv aulnes.

It. une autre pièce de tabliers, à l'euvre de Pavye, contenant xxij ulnes.

(1) Usé, comme *examiné*, ci-dessus.

It. une autre pièce de tabliers bien rons, euvre de Venize, contenans xxvij aulnes.

It. une autre pièce de tabliers, à l'euvre de Venize, contenans huit aulnes.

It. une autre pièce de tabliers, à ladite euvre, contenant xxx aulnes et demie.

It. une autre pièce de gros tabliers, à ladite euvre, contenant xxxiiij aulnes, que Monseigneur a fait venir derrenièrement de Paris.

Item une pièce de touailles de mesmes, et venue avecques ladite pièce, contenant xxiiij aulnes, dont Symonne en a pris huit aulnes pour faire servietes et demeure xvj aulnes.

It. une pièce de touailles, à l'euvre de Pavye, contenant xxiij aulnes.

It. une pièce de touailles, euvre de Venize, contenant xix aulnes et demie.

It. une autre pièce de touailles, à ladite euvre, contenant xxvj aulnes et trois quartiers.

It. une autre pièce de touailles contenant xxxij aulnes et demie.

It. une pièce de servietes contenant xij aulnes et demie, euvre de Venize.

It. une autre pièce de servietes, à ladite euvre, contenant xxiiij aulnes et demie.

It. une autre pièce, à ladite euvre, contenant xij aulnes et demie.

It. une autre pièce de servietes, à ladite euvre, contenant xiij aulnes.

It. une autre pièce de servietes, euvre de Pavye, contenant xij aulnes.

It. une autre pièce de servietes contenant xij aulnes, euvre de Venize.

Item une autre pièce de servietes, à ladite euvre, contenant vj aulnes.

It. une autre pièce de servietes ouvrées contenant xij aulnes.

Toilles plaines rondes et déliées.

Une pièce de toille de lin contenant xviij aulnes j tiers aulne de Paris.

It. une autre pièce de toille de lin contenant xxxvij aulnes et demie.

Item une autre pièce de toille de lin contenant xx aulnes.

It. une autre pièce de toille de lin contenant xxxvij aulnes.

It. une autre pièce de toille de lin contenant xviij aulnes.

It. une autre pièce de toille de lin contenant xx aulnes et demie.

It. une autre pièce de toille de lin contenant xv aulnes.

It. une autre pièce de toille de lin contenant xxx aulnes.

It. une autre pièce de toille de lin contenant xxix aulnes.

It. une autre pièce de toille de lin contenant x aulnes.

It. une pièce de toille de chanvre contenant xv aulnes et demie.

It. une autre pièce de toille de chanvre contenant xliiij aulnes.

It une autre pièce de toille de chanvre contenant xliij aulnes j tiers.

It. une autre pièce de toille de chanvre contenant xliij aulnes et demie.

It. une autre pièce de toille de chanvre contenant xxx aulnes.

Autres besoignes estant oudit galetas.

Huit aoutilz garniz de coussins vuydes, chacun de deux lez.

Item ung autre aotilz bien fin, de trois lez, garny de coessin de Caen.

It. deux couvertouers de lit, fourrez de menuver, l'un d'escalate et l'autre de violet.

It. ung autre couvertouer de lanné fourré de gris.

It. six couctepointes.

It. quatre grans sacs plains de plume à faire liz.

Item ung tablier à jouer d'eschechz de bois, ung grant berseau, ung mestier à ouvrer en euvre d'Angleterre.

Ung chaslit, une table faicte de vij carreaux où sont les vestemens.

Item sept coffres, en partie desquelz sont les besoignes qui s'ensuivent :

Deux branches de corail, dont y a cinq pièces qui en sont rompues, avecques xxxv patenostres de corail à feu Madame.

Item ung bonnet de fil d'or brodé sur toille jaune à fleurs de Souviengne vous en, bleues et vermeilles.

It. la valeur de deux petites canetes de fil d'or desvuydé en deux pappiers.

Item une petite pièce d'ouvrage à lorenges, verte, vermeille et fil d'argent.

Item ung autre bonnet de fil d'or brodé, à fleurs de pensées bleues, vermeilles et blanches, sur toille jaune.

Item ung autre bonnet de fil d'or brodé, à fleurs de ne m'obliez mye, sur toille jaune.

Item deux petites pièces d'ouvrage à lettres d'or, blanches et bleues, à faire corporailliers.

Item deux pièces d'orfrais ouvragé de haulte lisse, à escripteaux de Ihésus d'or.

Item ix pièces de petites orfrais grises, à Ihesus et Christus en lettres de fil d'argent, et à fleurs blanches et vermeilles.

Item deux petites pièces d'ouvrage vermeil, où a sept croix de fil d'or, semées de lettres bleues.

It. une coueffe de fil d'or de soye violete et noire.

Item ung petit morceau de veloux bleu ou a ung solail et dedans ung I, avecques trois autres petites pièce de veloux bleu, sans euvre.

Item unes manches de veloux gris, à feu Madame, avecques deux cheutes de robbe de veloux bleu et noir.

Item une petite pièce de drap d'or gris.

Item deux estelles d'or, une M dedans.

It. xv petiz escussons aux armes de Monseigneur et feu Madame.

It. une autre petite pièce d'ouvrage ausdites armes, et deux croix d'or.

It. une housse de selle de taffetaz bleu avecques une pièce de mesmes.

It. une doubleure de taffetaz noir d'une robbe courte, à feu Madame.

It. une cocte simple de satin gris, qui guyères ne vault.

It. une autre cocte simple de camelot bleu, fort usées.

It. une aulne de taffetaz jaune, à l'aulne de Chasteaudun.

It. une petite pouchete plaine de lettres et papiers.

It. quatre petiz couvrechiefz d'atour.

It. ung corporaillier d'atour ouvré à fleurs de pensées bleues et vermeilles.

Item ung petit bort, une cheutte et une autre petite pièce, le tout d'armines.

Item ung petit massepan de bois ouquel a cinq patenostres d'ambre blanc envelopées en ung drapel, ung petit tissu non ferré à ung clou d'or, une bobèche de fil d'or de bassin, et autres petites besoignes et enlisseures de fil de soyes.

Item une petite pouche plaine de patrons jaunes avecques une enlisseure de soye jaune, et trois pelotons de soye pareillement jaune.

Item environ ij l. de soyes en petiz escheveaux grise, blanche, rouge, verte et bleue, avecques cinq petiz escheveaux de capiton.

Item ung grant chapperon à femme, à cornes de fil omple.

It. une petite pouchete en laquelle a du fil de soye jaune, une bobèche de fil d'or de bassin, et ung cresmeau (1) de broderie.

Item pluseurs enlisseures envelopées en 1 drappel.

Item une petite cagecte d'argent doré, à mectre oisellez de Chippre.

It. une autre petite cagecte de fil d'argent pur, à mectre oisellez.

____

(1) Bonnet qu'on met sur la tête d'un enfant après son baptême, de *chrisma*.

Ou grant coffre ferré du pié du lit des galleries.

Quatre orfrais pour les curiaulx.

It. les orfrais de deux chappelles à houls, sans cuvre.

It. xlix solailz assis sur taffetaz jaune.

It. ij° et xj solailz assis sur toille jaune.

Item viij aulnes et demie et demi quartier de veloux violet, à l'aune de Chasteaudun.

It. viij aulnes et demi quartier de veloux noir, à l'aune de Paris.

It. xxvj aulnes et demie de damas vermeil, en deux pièces, à ladite aulne de Paris.

It. ung chapperon de broderie, fait au couronnement Notre Dame.

It. ungs orfrais de chappe, de l'Annunciation Notre Dame, jusques à la Visitacion Ste Elizabeth.

It. ungs orfrais de chazuble à estoilles, aux armes de Monseigneur et feu Madame.

It. ungs orfrais de chappe de mesmes.

It. ungs orfrais assis sur damas blanc, pour dyachre et soub-dyachre, à estoilles et armoiées.

It. ungs orfrais pour une chappe, où a six appostres.

It. ungs autres orfrais de chazuble, où a cinq appostres.

It. ungs autres orfrais de chazuble, à ymagerie.

Item deux terrasses.

It. deux lez de veloux bleu, semées de fleurs de lis d'or, faictes et à faire.

It. une pièce de veloux bleu, contenant xxiij aulnes et demie, à l'aulne de Paris.

It. une autre pièce de veloux bleu, contenant xxiij aulnes et demie, à ladite aulne.

It. ung parement de cheze de pluseurs coleurs et broché d'or.

Item une pièce de satin blanc, contenant xviij aulnes j tiers, à ladite aulne.

It. une pièce de veloux noir, contenant xj aulnes iij quartiers.

Item une pièce de damas cramoisy broché d'or, contenant vj aulnes.

It. une pièce de damas blanc, contenant xviij aulnes iij quartiers, à grant fueillage d'or.

Item une robbe de drap d'or cramoisy de Hongrie.

It. ung drap d'or blanc rouge et bleu appelé Baudequin.

It. une pièce de camelot bleu, contenant iiij aulnes iij quartiers (Baillé à Mademoiselle Katherine par le commandement de Monseigneur, au moys de novembre l'an LXVIII).

It. ung parement de cheze de veloux vert, de quatre lez.

It. deux carreaux de drap d'or cramoisy.

Item ung carreau de veloux noir.

It. ung carreau vuide de drap d'or cramoisy.

It. deux robbes courtes sangles de satin figuré noir, à feue Madame (Baillé à Mademoiselle Katherine par le commandement de Monseigneur, au mois de novembre l'an LXVIII).

It. une autre robbe de damas gris doublé par abas de taffetaz noir, courte, à feue madite Dame (Baillée à Marie de Gantiers pour ces noces).

Item une couverture de litière de taffetaz vermeil et blanc de cinq lez doublée de toille noire et blanche, et les deux boutz de mesmes.

Item le devant de la robbe de drap d'or blanc, à feue Madame, du demourant de la chazuble.

It. huit pièces de taffetaz blanc, vermeil et bleu, toutes entières et liées ensemble.

Item deux pièces d'autre taffetas bleu.

It. viij aulnes j quartier d'autre taffetaz bleu, en une pièce.

It. une pièce de taffetaz gris, contenant viij aulnes.

Item une autre petite pièce de taffetaz blanc, contenant ij aulnes (laquelle a esté baillé a mons. pour envoier à Cher-[tres] (1), aux brodeurs, le ij^e de février mil iiii^c LXVII).

(1) Chartres.

It. une pièce de soye dieue, à faire atours, contenant iij aulnes iij quartiers.

It. la cocte simple et le manteau de satin cramoisy, pour les mariées, ledit manteau fourré de menuver.

It. environ iij aulnes de drap tanné.

It. une cocte simple de veloux noir, à feue Madame, encorsée de satin noir (baillé à Mademoiselle Katherine par le commandement de Monseigneur, au mois de novembre l'an LXVIII).

It. une robbe de drap noir à feue Madame, de dueil, à queue.

It. ung parement de cheze de damas noir, assis sur drap noir.

Item deux grans poz d'argent dorez plains, sans ouvrage, avecques les estuys.

It. une couppe d'or martellée (laquelle a esté baillée à Monseigneur le ij° jour de fevrier iiij° LXVII).

It. ung calice d'or avecques sa plataine.

Item ung ymage de Sᵗᵉ Agnès du chief d'argent doré.

It. ung ange d'or tenant ung petit rondeau garny de cristal, pour mectre ung reliquaire.

Item deux flaquons d'argent doré, aux armes de Monseigneur et feue Madame.

Item trois pointes de chandelliers d'argent blanc.

It. la bordeure de deux selles à femme, en quatre pièces d'arssons, d'argent dorez, l'une goderonnée.

Item une laiecte, où sont pluseurs fleurs de lis et de maries.

Item une autre laiecte, en laquelle a xj ymages, deux coppons l'un aux armes de Monseigneur et l'autre à larmes sur damas blanc, une frange de soye rouge et blanche, et ung arbre de broderie.

Item deux bonetes, l'une noire et l'autre faulve.

It. ung grant ymage de broderie de Notre-Dame.

Toutes les dites choses oudit coffre ferré.

(It. le ij° jour de feuvrier mil iiij° lxvij fut baillé à Simonne ij piesses de tafetas blanc, l'une contenant xix aulnes, et l'autre xviij aulnes iij quartiers.)

Item, en ladite chambre, ung petit coffre où sont les lettres de Monseigneur.

(Item baillé à Simonne le iij° jour de février trois orfraiz, dont les deux sont pour chappes et ont chapperons et l'autre pour chazuble.)

Ensuit la tappicerie.

Une chambre de laine brochée d'or, à Souviengne vous en, contenant ciel, dossier et couverture de mesmes.

Item le des de laine et le banquier broché d'or de mesmes.

Item deux courtines de taffetaz blanc, pour ladite chambre.

Item une autre chambre de laine, de Souviengne vous en, garnie de ciel, doussier et couverture, et de deux courtines de taffetaz blanc et vert.

It. xxvij tappiz de muraille de laine, de mesme ladite chambre, à Souviengne vous en, et deux banquiers.

Item huit pièces de tappicerie de laine, à fleurs de maries, à chacun ung arbre et une turtereile dedans.

Item deux pièces de tappicerie de laine, de Joseph.

Item une chambre de tappicerie de laine, à houls, garnie de ciel, dossier et couverture de mesmes, et de deix courtines de sarge verte.

Item xiiij tappiz de muraille et trois banquiers de mesmes ladite chambre à houls.

Item trois meschantes chambres de vollerie, avecques treze pièces de muraille de mesme, et quatre courtines de sarge vert.

It. une chambre de laine de verdures, garnie de ciel, dossier et couverture de mesmes, et de deux courtines de sarge vert.

Item sept pièces de muraille à ung banquier, de mesmes ladite chambre de verdures.

Item neuf petiz tappiz de laine veluz.

It. ung petit vieil tappiz de cheminée, à personnaiges.

Item deux grans tappiz noirs veluz, aux armes de Monseigneur.

Item deux autres grans tappiz veluz, de pluseurs couleurs.

Item ung tappiz de laine de cheminée, à bergeretes.

Item ung petit tappiz de laine, ouquel a ung pan.

It. deux courtines de sarge vermeille.

Item une chambre de laine noire contenant en tout huit pièces de tappicerie et deux courtines de bougran noir.

It. une autre chambre de sarge noire garnye de ciel et doussier, et deux courtines de mesme.

It. quatre vielz tappiz de muraille de sarge noire, de mesmes ladite chambre.

Item quatre pièces de sarge noire neufves, qui n'ont point sarvy, dont y en a deux plus grans que les autres.

It. deux autres courtines de sarge noire.

It. deux rideaux de sarge vert.

It. huit tappiz de cuir.

It. une petite couchete de litière de drap noir, garnye de coton.

It. xiiij patrons de Troye.

(Item quatre tappiz veluz petiz, lesquelz Monseigneur a baillez à Germain le ij^e jour de février iiij^c lxvij.)

(Item une chambre de demi satin noir couctepointée, à ciel, dossier et couverture, et deux courtines de bougran noir, laquelle Monseigneur porte touzjours dehors avecques luy.)

Item une chambre couctepointée de taffetaz bleu, garnye de ciel, doussier et couverture, et deux courtines de mesmes.

Item une chambre de veloux noir garnye de ciel et dossier.

It. ung pavillon ront de satin vert, aux armes de Monseigneur.

It. ung autre pavillon carré de taffetaz vert.

It. ung autre petit pavillon carré, en façon d'espervyer, de taffetaz vert, avecques son dossier.

It. ung autre pavillon carré viel de taffetaz roige.

It. deux petites meschantes courtines de taffetaz gris.

Item deux carreaux de veloux cramoisy.

It. quatre carreaux de satin vert.

It. ung carreau de veloux bleu.

It. deux carreaux de damas noir.

It. deux carreaux de satin figuré noir, doublés de cuir.

It. deux meschans carreaux de veloux violet.

It. ung carreau de drap noir.

It. quatre carreaux veluz vuides.

It. ung carreau de satin bleu doublé de cuir.

It. ung autre carreau de satin vert, brodé à houls et aux armes de Monseigneur.

It. une petite pièce de tappicerie, à Souviengne vous en et à fleurs de lis, aux armes de feue Madame, pour faire le dessus de deux carreaux.

It. une meschante robbe, à homme, courte, de veloux vert.

Ensuivent les liz estans audit Chasteaudun.

Trois grans litz de duvet, trois coussins avecques les couvertures.

It., en la chambre de Messire Raoul, ung lit de deux lez et deux couessins et trois meschantes couvertures bleues.

It., en la chambre Marguerite Coppine, ung lit, ung couessin et une couverture blanche.

It. la couchete de la grant chambre, et ung couessin, et une couverture de sarge vermeille.

Item deux couctepoinctes de demi-satin, dont l'une est toute blanche et l'autre moictié blanche et verte.

It. ung autre lit de deux petiz lez, le couessin et couverture vieille de tappicerie, estant ou galletas.

It. deux couchetes et deux couessins.

It. une couchete et couessin, avecques une couverture qui guyeres ne vaillent, où couche Messire Symon.

It. deux couchetes, deux couessins et couvertures, bien meschans, dont l'un est de coutil et l'autre de toille, où couchent les charretiers aux estables.

It. deux litz moiens et les couessins de coutil, estans au chasteau neuf, en la chambre Monseigneur.

It. en la chambre d'auprès, ung lit, ung couessin de coutil, avecques une couchete et son couessin.

It. en la chambre de bas, ung lit moien et couessin de coutil, avecques une couchete et couessin de toille.

It. en l'autre chambre d'auprès, ung lit, couchete et les coussins de coutil.

Item quatre couchetes fournies de couessins, l'une couchete de coustil seullement, fournies de couvertures, tieux (1) maistre Nycolle [du Val].

Item une autre couchete couessin et couverture laquelle a esté baillée pour coucher le plombeur.

It. deux freusseuers ? de duvet.

Item ung lit de deux lez, une couchete et deux petites couvertures bleues.

Item ce qui est dans ung grant coffre estant oudit galletas.

Ung orfrais d'or de bassin, pour chappe, chazuble, tunique et domatique, partie à fleurettes, et partie à ymages.

It. ungs autres orfrais de chappe avecques ung chapperon, aux armes de Monseigneur et feue Madame.

It. une queue de robbe à femme de damas violet et deux autres morceaux de damas violet, lequel damas Monseigneur a ordonné icelluy à faire chappe, chazuble tunique et domatique, et donné à l'église de Patay.

Item une robbe à homme de veloux violet, courte et sangle.

It. quatre quartiers d'une autre robe à homme, de veloux violet, courte.

It. le bas d'une robbe à femme, de veloux sur veloux noir.

It. une robbe à homme, courte et sangle, de veloux sur veloux noir, de laquelle Monseigneur a fait prendre une manche pour luy en faire ung cahouet (2).

Item une robbe à femme, sangle, de veloux sur veloux noir.

Item partie d'une robbe courte, sangle, à homme, de veloux violet en pièces.

(1) Telles que pour...
(2) Capuchon.

It. deux petites robbes à fille, de damas noir, sangles.

It. une vieille chazuble de damas noir.

It. deux robbes à fille, de satin bleu, sangles, à petites queues.

Item aussy comme ung manteau de velous bleu.

Item une robbe courte à homme, de veloux bleu, sanglé, de laquelle Monseigneur a fait bailler les deux manches, l'une à Segrie, et l'autre aux brodeurs de Chartres.

It. aussy comme ung abbit d'ange, de satin violet figuré, duqael a pareillement esté baillé, par l'ordonnance de monditseisseigneur, ung quartier ausdits brodeurs.

Item une table de velous cendré figuré, sans ymages.

It. environ demie-aulne d'autre velous cendré.

It. une robbe courte à homme, de veloux sur veloux gris, sangle.

It. ung parement de nappe de veloux gris frangé.

It. ung poille de drap noir doublé à moictié de damas noir.

It. une petite courtine de taffetaz bleu.

It. plusieurs petites pièces de soyes, de veloux, damas, satin et autrement.

Ensuivent les ornemens et vestemens de la
Saincte Chapelle.

Une chappelle de veloux bleu, semée d'estoilles, à dyacre et soubdyacre, garnye de chasuble, tunique et domatique, à orfrais à ymagerie, ladite chazuble doublé de taffetaz bleu, et lesdites tunique et domatique doublés de bougran bleu. Item deux estolles, trois phanons, six pièces de paremens, pour trois aubes devant et derrière, comprins les poignez et trois colliers de mesme.

Item, ung parement de nappe frangé de fil d'or.

It. une chappe de mesme, à orfrais d'ymagerie, avecques chapperon, au couronnement Notre-Dame.

It. deux tables d'autel de mesme, à ymagerie, c'est assavoir, en la haulte : le Cruxifits, Saint Jehan Baptiste et Nostre Dame d'un costé, et La Magdalaine et S. Jehan Leuvangéliste, de l'autre costé ; et en la basse : Nostre Dame de pitié, S. Jehan Leuvangéliste et la Magdalaine.

Item une autre chappelle de veloux cramoisy, semée de solailz, garnye d'une chasuble, tunique et domatique à orfrais à ymagerie, semées pareillement de solailz, deux estolles, trois phancns, le parement de trois aubes devant et darrière excepté d'un poignet, de trois amyz, un parement de nappe d'autel frangé de soye, et ung corporaillier de mesmes.

Item une chappe de veloux cramoisy de mesmes, garnye d'orfrais aux armes de Monseigneur et feue Madame, avecques le chapperon à ymagerie de l'Annonciacion Notre Dame.

Item une chappe de damas cramoisy brochée d'or, pour ladite chappelle, garnye d'orfrais à ymagerie, avecques le chapperon au couronnement Nostre Dame.

Item une autre chappe pareille garnye d'orfrais aux armes de Monseigneur et feue Madame, semée de houls, avecques le chapperon à ung ymage de S. André.

Item une autre chappe de damas cramoisy pareillement brochée d'or, garnye d'orfrais et de chapperon ausdites armes, tant seullement semée de fueilles de houls.

Item une table d'autel de veloux cramoisy semée de solailz, en laquelle a ung cruxifiement de nostreseigneur et autres ymages.

Item deux tables d'autel de damas cramoisy, à dix ymages doublées de bougran noir, lesquelles Segrie a faictes nouvellement.

Item une table d'autel de l'Ascension, de broderie à houls sur veloux violet, faicte nouvellement.

Item une autre table d'autel de la Penthecouste, pareillement faicte de nouvel.

Item une autre chappelle de damas blanc broiché d'or, à fueilles de houls et autres fueilles, garnye de une chazuble, tunique et domatique, à orfrais aux armes de Monseigneur et feue Madame, de deux estolles et trois fanons de mesmes.

Item une chappe de mesmes ladite chappelle à orfrais à ymagerie et le chapperon à Nostre Dame de Pitié.

Item une autre chappe pareille à orfrais à ymagerie avecques le chapperon aux ymages de Nostre Dame, La Magdalaine et Sainte Marguerite.

Item une autre chappe de mesmes à orfrais d'ymagerie, avecques le chapperon à la Circonsision de Nostreseigneur.

Item une autre chappe de mesme, sans orfrays ni chapperon.

Item une chazuble de drap d'or sur veloux blanc, à orfrays d'ymagerie, avecques l'estolle et fanon pour ladite chazuble.

Item une autre chappelle de satin figuré vert, à dyachre et souhzdyachre, garnye de chazuble, tunique et domatique, à orfrais aux armes de Monseigneur et de feue Madame, semées de houlx, sans fanons, estolles, paremens d'aubes ne d'emiz (1), et sans tables d'autel.

Item une chappe de mesme, à orfrays auxdites armes, semées de houls, et sans chapperon.

Item une chasuble de veloux vert, à petites orfrais ausdites armes, garnie d'estolle et fanon de satin vert.

Item une autre chappelle de *requiem*, de veloux noir, à diachre et souhzdiachre, garnie de chazuble, tunique et domatique, semées de lermes et orfrais, et aux armes de Monseigneur et feue Madame, aussy semées de lermes; deux estolles, deux fanons, avecques les paremens d'aubes, d'esmiz, aussy semez de lermes de mesmes.

It. une chappe de mesme semée de lermes, à orfrais, aux armes de Monseigneur et feue Madame, avecques le chapperon, à ymages de Nostre Seigneur resuscitant ung mort, et de Marie Magdalaine.

Item deux chappes de veloux sur veloux noir, à orfrais, ausdites armes, avecques les chapperons à ymagerie, en l'un desquelz est S. Pierre, et en l'autre S. Jehan Leuvangeliste, sans lermes.

Item quatre autres chappes de veloux noir plain, ausdits orfrais et chapperons, sans ymagerie.

(1) D'amicts.

It. une chazuble de veloux noir, à orfrais sur taffetaz blanc, sans armes ne ymagerie, avecques l'estolle et le fanon de mesme.

Item deux tables d'autel de mesmes ladite chappelle, semées de lermes, dont en la haulte est le jugement, les Prophètes et appoustres, et en la basse les mors resuscitans.

Item une autre chappelle de veloux bleu, garnie de chazuble, tunique et domatique, à orfrais aux armes de Monseigneur et feue Madame, avecques une estolle et ung fanon.

Item une chappe de satin bleu ausdits orfrais, et chapperon ausdites armes.

It. une tunique et domatique de demi-satin bleu, pour servir à évesques.

Item une autre chappelle de bocassin blanc, semée à pluseurs florectes, garnie de chazuble, tunique et domatique à orfrais de mesmes, deux estolles, trois phanons, avecques trois chappes à orfrais et chapperons de mesmes.

Item une chappe de damas vert à orfrais et chapperon ausdites armes.

Item une vieille chazuble rompue de veloux violet, servant ous les jours.

It. une chuzuble de satin bleu.

It. ung corporaillier, à l'euvre d'Angleterre, que fist feue Madame.

It. six tabliers d'autel ouvrez.

It. trois nappes d'autel plaines deliées.

It. trois autres moins déliées.

It. douze aubbes garnies d'amiz et saintures.

It. deux courtines de satin cramoisy, pour l'oratoire.

Item deux courtines de taffetaz bleu.

It. deux pièces de taffetas vert bandé en manière de courtine, dessus ung petit pavillon de linomple (1), à mectre *Corpus Domini*, ouquel est pendue une bourse.

Item ung poille de vieil drap d'or et ung ciel de mesme.

(1) Linon.

Sensuit la vaesselle et reliques de ladite chappelle.

Deux croix d'argent doré, l'une pour servir à l'autel et l'autre aux processions.

It. la vraye croix enchassée en or.

It. ung calice d'argent doré goderonné.

It. ung autre calice d'argent doré plain.

It. deux autres calices d'argent blanc, lesdits calices touz garniz de leurs plataines.

It. deux choppinetes d'argent doré, goderonnées à ance.

It. deux autres choppinetes d'argent doré, goderonnées sans ance.

It. deux choppines d'argent blanc goderonnées.

It. ung euvanglier couvert d'argent doré, à l'image du crucifils et de Notre Dame de Pitié.

It. ung epistolier couvert de veloux cramoisy, garny d'argent, aux ymages de S. Jehan Baptiste d'un costé et S. Pol de l'autre.

It. deux grans chandelliers d'argent doré goderonnez, dont fault l'esmail d'un d'iceulx.

It. deux petits chandelliers d'argent doré goderonnez.

It. trois autres petitz chandelliers plaz d'argent blanc, dont en a esté porté les deux à Baugency, qui servent à la table de Mademoiselle de Longueville.

It. ung ensancier d'argent doré.

It. deux autres ensanciers d'argent blanc.

It. ung benoistier d'argent doré, à quoy tient une paix.

It. une clochete d'argent doré.

It. ung petit coffret paint, où sont les reliques ensuivans :

Ung vesseau de cristal, à mectre *corpus Domini.*

It. une dent de S. Jehan Baptiste, enchassée en or, dont y a d'un costé saint Jehan Baptiste, et ung quamaieu de l'autre.

It. une autre relique de S. Jehan Baptiste, enchassée en argent doré, dedans icelluy ung *Agnus Dei* enlevé.

It. ung tableau d'argent doré, à mectre reliques.

It. ung vesseau d'argent doré, à mectre le cresme.

It. ung petit vesseau d'argent doré, où sont pluseurs reliques.

It. pluseurs reliques non enchassées, enveloppées en petiz drapeaux, de Maria Jacobi, Maria Salome, S. André, Saint Pierre, Saint Benoist et Ste Ytasse.

It. ung petit reliquaire d'argent blanc, où est une pierre de cristal.

Item une petite couppe d'or, à mectre *corpus Domini*, laquelle fut baillée au barbier de Monseigneur, pour porter à Paris au mois de juing m iiij^c lxvj (et a esté rendue à messire Raoul, le ij^e jour de février iiij^c lxvij).

(Item ledit messire Raoul a receu ung calice avecques la plataine d'or, ledit jour ij^e de février, que Simonne avoit en garde.)

(Item deux choppinetes d'or à ances esmaillées, que monditseigneur a baillées ledit jour audit messire Raoul.)

(Item le ij^e jour de février iiij^c lxvij la vraye Croix a esté baillée à monditseigneur pour porter dehors.)

Autres menues besoignes et extencilles de mesnaige.

Unes aumoires fermans à deux guichez, en façon d'un autel, en la chappelle du galetas des galleries.

It. ung chaslit et une couchete roullonée, oudit galletas.

It. deux caiges aux perroquez.

It. plusieurs pièces de mestiers de boys à ouvrer en tisseures.

It. huit membres de chasliz et quatre autres de couchete roullonée.

La cloason de menuserie de ladite chappelle.

It. plusieurs verrières rompues, en ladite chappelle du galletas.

It. quatre tables, six tréteaux pour mectre la tappicerie, et selle de bois longue et large.

It. ung eschiquier à une baboe (1).

Item unes armoires couvertes de drap vert, et ung petit leutrin, dedans le contouer de la vilz (2) desdites galleries.

It. ung escrain ront d'esclisse, deux longues formes, deux tréteaux, une couchete de bois, une escriptoire d'estain, ung sac plain de lettres escript dessus : le sac du Roy, une inventoire, pluseurs autres lettres et ung petit mestier à ouvrer estant oudit contouer.

Item une sallade, ung harnois de jambes, ung croissant tenant à ung meschant pourpoint, et deux pièces de haubergeon, avecques une vieille espée d'armes, dedans ledit contouer.

It. ij scabelles, esdites galleries.

Item ung chaslit et couchete, en la chambre messire Raoul.

It. ung petit banc, deux marchepiez et une selle longue, en la chambre Marguerite Coppine.

It. un chaslit à dossier, ung petit banc, une selle large, ung marchepié, ung petit dressouer, unes petites armoires joignans la cheminée de Madamoiselle Katherine, ung petit coffret vieil ferré à demi feste, en la chambre de madite Damoiselle Katherine, et ung quarré à deux huys, à l'entrée de ladite chambre.

Item ung coffre ferré, une grant huche et ung marchepié de lit, à l'alée du retrait.

Item cinq chappelles (3) d'estaing ou plomb, à faire eaues oudit.

It. ung serans (4), ou la petite chambre près dudit retrait.

It. en la chambre du meillieu, ung grand challit à dossier, ung marchepié fermant et ung autre non fermant, ung banc, deux dressouers fermans et ung quarré à deux huys.

Item en la grant chambre desdites galleries, ung grant challit à dossier, une couchete, deux marchepiez, ung banc, une

---

(1) Baboue, babouin, gros singe.
(2) Vis, escalier.
(3) Couvercle de baignoire.
(4) Séranc, peigne à lin et à chanvre.

table et deux tréteaux, ung dressouer, unes armoires où sont les eaues, ung vieil escran et ung quarré à deux huys.

Item, en la salle desdites galleries, quatre coffres, deux rons et deux plaz, trois bancs, une table longue, ung dressouer ouvert, deux formes longues et ung carré à ung huys, deux chaizes et trois selles persées.

Item ung autre coffre en la chambre messire Raoul.

Item en la gallerie abas, ung grant banc à dossier.

It. la muraille, ung autre banc à mettre en une salle, et ung coffre ront.

Item un challit et couchete sans fons, à S. Lubin, pour messire Jehan Chaillou, et ung autre chalit pour messire Simon, en la ville, où il loge.

Item, en la chambre de Jamet, ung chaslit à dossier, une couchete, ung marchepié, deux selles de bois, une table, deux tréteaux, ung dressouer et quatre scabelles.

Item, au four desdites galleries, une huche à poictrir, ung chauderon, ung estouppau à four, ung seau vieil, ung mortier à braier fromaige; et, au garde mengier, ung coffre à mectre viande, deux grans carreaux et trois autres petiz, à dresser viandes (1).

V

COMPTE DES OBSÉQUES DU BATARD

Compte de la mise et despence faicte pour le fait de l'obceque et enterrement du corps de feu Monseigneur le conte de Dunois et de Longueville, seigneur de Partenay, grant chambellan de France.

Compte de maistre Fleurent Bourgoing, bailli de Dunois, ou

(1) Bibliothèque nationale. Portefeuille Lancelot 16, fol. 276-283, Copie du XVe siècle, sur papier, non signée.

nom et comme l'un des commis à faire la recepte et mise pour
pour le fait de l'obceque et acomplissement du testament de feu
hault et puissant seigneur, Monseigneur Jehan, conte de Dunois
et de Longueville, seigneur de Partenay, grant chambellan de
France, qui Dieu pardoint, depuis le xxiiij^e jour du mois de novembre mil iiij^c lxviij que trespassa monditseigneur, au lieu de
Lahy près Paris, dont le corps fut amené à Notre Dame de
Cléri et son service illec fait et enterré ; et son cueur après
porté à la sainte chapelle de son chastel de Chasteaudun.

[RECEPTE].

Et premièrement a esté receu de Jehan de Mineray, audit lieu
de Lay, la somme de iij^c l. t. pour ce . . . . iij^c l. t.
(De ces parties ne sera point fait de despence pour ce que
desjà Picheron en a fait despence cy-après, en l'ordonnance de
la despence et obsèque de feu monditseigneur.)
De luy, audit lieu, v^c l. l. t. pour ce . . . . . . v^c l. l. t.
De luy, à Notre Dame de Cléri, le iij^e jour de décembre en-
suivant ij^c lv l. t. pour ce. . . . . ij^c lv l. t.
De Monseigneur de Courcelles, audit Cléri, en iiij^{xx} xix escuz,
vi^{xx} xvi l. ij s. vi d. t. pour ce. . . . . vi^{xx} xvi l. ij s. vi d. t.
De Philipot Huet, serviteur de Denis Le Breton, à Chas-
teaudun . . . . ij^c xv l. ij s. xi d.
De Nicolas Viole, audit Chasteaudun. . . . . l l. t.
De Jehan Moysan, audit lieu . . . . . ij^c xxi l. ij s. v. d.
Dudit Mineray, en xx ducatz. . . . . xxx l.
Item a esté receu par ledit bailli, de maistre Jehan Garnier,
par l'ordonnance de monditseigneur, la somme de ij^m ij^c iiij^{xx} v l.
iij s. v d., qui a esté payée en plusieurs parties, pour lacom-
plissement dudit testament ainsi qu'il apperra cy-après en des-
pence. Pour cecy. . . . . ij^m ij^c iiij^{xx} v l. iij s. v d.
Item, de Denis Le Breton, par l'ordonnance de Monseigneur
la somme de ij^m viij^c iiij^{xx} l. x s. t., pour convertir et emploier
en la despence de vesperies et festes des docteurs en théologie

de Paris, que feu monditseigneur avoit ordonnez par son testament. Aussi pour faire la sépulture de feu monditseigneur, et
pour draps de layne et de soye achaptez pour le fait de son obcèque et autres choses dont sera parlé cy après en despence,
pour ce. ijᵐ viijᶜ iiijˣˣ l. p.

Dudit Denis Le Breton, la somme de vᶜ iiijˣˣ x l. xiiij s.
ij d. t. pour convertir et emploier en la despence de six docteurs en théologie, que feu monditseigneur ordonna estre paiée
depuis le jour de son trespas jusque à ce qu'ilz feisdrent
leurs festes de docteurs, et dont sera faicte despence cy
après . . . . vᶜ iiijˣˣ x t. xiiij s. ij d.

Dudit Denis Le Breton, la somme de iiijᶜ xl l. t., pour bailler
et paier à Anthoine Boucher d'Orléans, en acquict de iijᶜ xx
escuz en quoy feu monditseigneur estoit tenu et obligé audit
Anthoine Boucher par obligacion, et dont sera faicte despence
cy après, pour ce. . . . . iiijᶜ xl l. t.

(Nota de savoir si les sommes en quoy feu monditseigneur
estoit tenu et obligé seront entièrement couchées, et d'en veoir
les obligacions et acquictz).

Dudit Denis Le Breton, la somme de cli l. v s. t. pour bailler
à maistre Estienne de Labergement, pour l'acquict de iiijᶜ
royaulx d'or, en quoy feu monditseigneur estoit tenu à Jehan
par obligacion, et dont despence sera faicte cy après, pour
ce. . . . . cli l. v s. t.

Dudit Denis Le Breton, la somme de c escuz d'or, qui ly ont
esté délaissés par le testament de feu monditseigneur, et dont
sera faicte despence cy après, pour ce . . . vjˣˣ xvij l. x s. t.

De Monsieur le conte de Dunois, la somme de ixᶜ l. t. de lui
receue pour convertir et emploier ou paiement des ouvriers qui
avoient besongné ou chasteau de Chasteaudun, et qui deue leur
estoit avant le trespas de feu monditseigneur, dont sera faicte
despence cy après, pour ce. . . . . ixᶜ l.

Du receveur de Longueville, la somme de ijᶜ l. t. pour bailler
à maistre Nicole du Val, maistre des œuvres de Chasteaudun,
et qui deue lui estoit par avant le trespas de feu monditseigneur,
pour ce cy . . . . ijᶜ l. t.

De monditseigneur, la somme de Mxxxij l. pour bailler et payer à Guy de Romilly, pour le rembourcer de pareille somme, qui deue lui estoit du temps de feu monditseigneur, et qu'il avoit baillée et paiée comme apperra cy après en despence par la fin des comptes dudit Guyot, qui seront renduz en despence cy après, pour ce. . . . . Mxxvij l. t.

De monditseigneur le conte, la somme de v^m réaux d'or pour bailler et paier à madame de la Trymoille, et dont par obligacion feu monditseigneur le conte estoit tenu et obligé envers feu monseigneur de la Trymoille, dont ladicte dame avoit la cause, dont sera faicte despence cy après, et de laquelle somme a esté paié par les mains de Nicolas Viole v^c lxviij l. xv s. pour ce. . . . . vij^m v^c l. t.

De Nicolas Viole, la somme de ij^m v^c l l. x s. t. pour paier à Monsieur de Rohan, avec lequel avoit esté fait composicion à ladicte somme, pour demeurer quicte envers lui de la somme de vi^m escuz d'or, en quoy feu monditseigneur le conte estoit tenu et obligé envers luy, pour ce . . . . ij^m v^c l l. x s. t.

De Raoulin Blancbaston, receveur de Longueville, la somme de v^c xv l. t., pour bailler et paier à Jehan de Huval, pour demourer quicte envers luy de pareille somme, en quoy feu monditseigneur estoit tenu et obligé, et dont sera faicte despence cy après, pour ce . . . . v^c xv l. t.

De monditseigneur le conte, la somme de xxxvij l. v s. t., pour paier à Jehan Coullebaud, boucher, et laquelle lui estoit deue pour chairs de beufz et moutons, livrez en lostel de feu monditseigneur, avant son trespas, et dont cy après sera faicte despence, pour ce . . . . xxxvij l. v s. t.

Dudit Nicolas Viole, la somme de vij^{xx} viij l. xiij s. viij d. pour paier à Jehan de La Garde, appoticaire de Paris, laquelle luy estoit deue par feu monditseigneur, pour plusieurs parties d'espiceries et drogueries à luy livrées, tant pour sa despence que pour sa maladie, dont sera faicte cy après despence, pour ce. . . . . vij^{xx} viij l. xiij s. viij d.

Dudit Nicolas Viole, la somme de lxi l. ij s. ij d. t., pour bailler à Jehan de Neufbourg, marchant de Tours, qui deue luy estoit par feu monditseigneur, pour draps de layne et de soye à luy livrez en son vivant, pour ce . . . . lxi^x l. ij s. vi d.

Item sera faicte recepte de Nicolas Viole, de vij^{xx} x escuz d'or pour bailler à Jehan de Dreuch, et Thierry Yssebrant, dont sera faicte despence cy après, pour ce. . . . . viij^{xx} xviij l. xv s.

De monditseigneur la somme de. . . . . pour bailler et paier à Jehan de Beaune, pour plusieurs draps de layne à luy baillez pour l'obcèque (nota de savoir si cecy sera couché ou compte ou non).

De Jehan de Mineray, pour convertir ou fait de l'obcèque ij^c escuz d'or, valant. . . . . ij^c lxxv l.

De Jehan de Beaune, par commandement de monditseigneur, pour ce . . . . xvi^o iiij^{xx} xiiij l.

De Jehan Pichèron, qu'il avoit receu (de Jehan Dauron) du receveur de Poictou, la somme de ij^m lxxviij l. xv s. t. pour ce. . . . . ij^m lxxviij l. xv s. t.

De Guiot de Romilly, qu'il avoit receu de monseigneur de Tancarville, la somme de vij^c xxxvij l. vij s. xi d. ob. pour ce. . . . . vij^c xxxvij l. vij s. xi d. ob.

Dudit Guiot, qu'il avoit receu en Normandie de sa pension, la somme de mil xlvij l. iiij s. vij d., pour ce. M xlvij l. iiij s. vij d.

De Anthoine Hélye, fermier des terres de Partenay, Vouvent et Mervent, mil l. t. pour ce. . . . . M l. t.

De Colinet de Dampmartin, nagueres receveur de Baugenci, qu'il devoit à feu monditseigneur. . . . . ij^c l.

Du receveur de Vouvant, Chastelaillon et Partenay, par les mains de Nicolas Viole et maistre Jehan Garnier, partie deniers contans et autre partie en acquictz de debtes, et qu'ilz avoient paiées pour feu monditseigneur, la somme de ij^m l. t. pour ce. . . . . ij^m l. t.

De receveur de Chasteauregnaut, en l'année fynie à la saint Jehan Baptiste M iiij^c lxxv v^c l. pour ce. . . . . . . v^c l. t.

Dudit receveur, en l'année finie à ladicte feste de S. Jehan Baptiste iiij^c lxxvj . . . . v^c l.

De maistre Jehan Garnier, ij^c xx l. ij s. vj d. t. pour ce. . . . . ij^c xx l. ij s. vj d. t.

De Jehan Berson, receveur de Baugenci, pour ladite année iiij^c lxxvj v^c l. t., pour ce . . . . v^c l. t.

De Nicolas Viole, des deniers qu'il avoit receus de Haurech, v^c l. t., pour ce. . . . . v^c l. t.

De Guillaume Le Tonnelier, receveur de Dunois, la somme de iij^c l. t., pour ce . . . . iij^c l. t.

Somme totale de la recepte de ce présent compte : xxxiij^m clij l. ix s. vij d. ob. t.

DESPENCE DE CE PRÉSENT COMPTE

PREMIÈREMENT

Despence pour le fait des obseques.

Ensuit la mise et despence faicte pour le fait de l'obcèque et enterrement du corps de feu monditseigneur le conte de Dunois, et autres choses convenables pour le fait dicelluy, et des services faiz tant audit lieu de Lay, où il ala de vie a trespas, comme aux églises depuis ledit lieu de Lay jusques à Baugenci, où ilec fut fait le service solempnel ; et depuis porté en l'église Notre Dame de Cléri, où il fut enterré en la chappelle qu'il avoit fait faire ; et après dudit lieu de Cléri à Chasteaudun, où ilec fut porté le cueur et enterré en sa saincte chappelle dudit lieu. Et auxquelz lieux de Lay, Baugenci, Cléri et Chasteaudun furent faiz en chascun desdiz lieux grans services et hornorables, et aumosnes a tous venans ; et ainsi que cy après ès parties de la despence sera déclaré.

Premièrement.

A Jehan Picheron, la somme de. . . . .
(ledit Picheron a fait apparoir du compte de ladicte despence de bouche signé de la main de Guillaume de Marvillier, maistre d'ostel de monseigneur).

Pour la despence de bouche par lui faicte des gentilz hommes et serviteurs, officiers, chappellains, pouvres portans les torches et autres, qui ont esté depuis ledit lieu de Lay jusques à Baugency, Clery et Chasteaudun, où le cueur fut enterré et porté, et de leurs gens et chevaulx ; et aussi pour la despence des évesques et prélatz, chevaliers, escuiers et autres notables personnes qui furent ausdiz services pour le temps de xvi jours ; montant ladicte despençe à la somme de iij^c xxvij l. xviij s. xj d. t. laquelle fut baillée et païée par Jehan Picheron, secrétaire de feu monditseigneur, ainsi qu'il appert par son compte signé de Guillaume de Marvillier, maistre d'ostel de feu monditseigneur cy rendu, pour ce . . . iij^c xxvij l. xviij s. xj d. t.

Plus pour autres menues parties de despence, couchées en la fin du compte dudit Picheron, montant à la somme de xv l. xvi s. iiij d. lesquelles avoient esté oubliées à compter ou compte de la despence ordinaire de feu monditseigneur, laquelle fut païée par ledit Picheron, ainsi qu'il appert par certiffication dudit Marvillier cy rendue (il appert de certiffication dudit compte signée de la main dudit Marvillier cy rendue). Pour ce, (le chiffre de xv l. xvi s. iij d. est batonné) . . . xij l. xv s.

A ung nommé Leborgne, pour admener les bougrans, draps de soye et tables d'autel, depuis Montlehéry jusques à Baugenci, tant pour son salaire que pour le loage d'un cheval xlv s. t. A ung nommé Bourdin, pour aler à Orléans toute nuyt devers le bailli de Dunois, pour venir à Baugenci pour le fait de l'obcèque, xv s. t. et pour despence de bouche faicte pour venir faire ledit obcèque audit Baugenci xlviij s. t. Et à Germain Fé sur la chappelle de bois faicte à Chateaudun, pour le service de feu monditseigneur, lv s. t. ; lesquelles parties montant à la somme de viij l. iij s. t. ont esté païées, comme appert par certiffication de Jehan de Mineray cy rendue (soit recouvert la certiffication dudit de Mineray). Pour ce. . . . . viij l. iij s.

A frère Jehan Laignel chappellain de feu monditseigneur, qu'il emploia en l'aumosne generalle à tous venans pouvres faicte audit Lay le jour que fut fait le service xliij l. ij s. (Par quictance dudit frère Jehan Laignel cy rendue pour ces deux parties et cy après pour une autre partie pour l'ostel). Pour ce. . . . . xliiij l. ij s.

A luy pour bailler aux religieuses de Saint Marceau près Paris, pour prier Dieu pour l'âme de feu monditseigneur.   c. s.

A luy pour l'offrande ledit jour audit Lay (soit recouvert xxxv s. quictance dudit frère Jehan desdits xxxv s. t. il a depuis baillé ladite quictance).

A Jehan Chappellain, serviteur de feu monditseigneur, qu'il bailla et distribua à iiij^xx x chappellains qui célébrèrent messes ledit jour audit Lay (par quictance dudit Julian chappellain, cy rendue) . . . . xxij l. x s.

Au curé de l'église dudit lieu de Lay pour le demourant des torches rachaptées de luy (par certifficacion de Guillaume d'Avaugour, seigneur de Courtalain) . . . . lv s.

A Christophle de Laplanche, menuysier demorant à Paris, la somme de xvj l. x s. t., par marché fait avec luy, pour une chappelle de bois mise sus le corps de feu monditseigneur à Lay, deux tréteaux, quatre chandelliers et ung coffre de bois à mettre ledit corps, xvj l. x s. (soit recouvert quictance desdites deux parties; on a depuis trouvé lesdites quictances de ces ij parties mises en la liace dans le sac).

Aux iiij ordres mendiennes de Paris, pour estre venuz audit Lay dire vigilles sus ledit corps et estre aux services qui ilec furent faiz, pour leur paine et salaire, à chacun x l. qui est pour lesd. iiij ordres xl l. comme appert par quictance cy rendue. Pour ce . . . . xl l.

A la fabrique de ladicte église de Lay (soit recouvert quictance. On a depuis fait apparoir de ladicte quictance cy rendue, servant cy après sur autres parties). . . . . x l. t.

Pour toille où le corps de feu monditseigneur fut ensevely audit lieu de Lay (Picheron a affermé avoir paié lesdits xxxiij s. iiij d.). xxxiij s. iiij d.

A trois hommes qui ont aidé à conduire et à admener le luminoire de feu monditseigneur depuis Paris jusques audit lieu de Lay, (ledit Picheron a afferme ces ij parties). . . . . . x s.

A ung tonnellier pour sa paine d'avoir enfoncé les entrailles de feu monditseigneur, audit lieu de Lay . . . . x d.

A trois compaignons qui sonnèrent les cloches audit lieu de

Lay se pendant que on fairoit les services, devant et après
(par quictance des margueliers dudit Lay, cy devant rendue) . . . . xxvij vj d.

A trois compaignons qui ont fait les chandelliers de plastre
contre les murs de l'église dudit lieu de Lay, où furent mys les
sierges tout au tour (ledit Picheron a affermé ces ij parties accollées). . . . . xx s.

A deux femmes qui ensevelirent le corps de feu monditseigneur, audit lieu de Lay . . . . ij s. vj d.

A Monsieur de Courtalain pour despence qu'il avoit paiée
que avoient faicte les plombeur, charpentiers et autres qui ai-
dèrent à plomber le corps de feu monditseigneur et faire la
chapelle de bois mise sus le corps de feu monditseigneur, audit
lieu de Lay, (par certifficacion dudit de Courtalain cy devant
rendue). . . . . xxviij s. iiij d.

A vi hommes qui portèrent ledit corps de l'ostel où il trespassa jusques en ladicte église de Lay . . . . xv s.

(Il appert de quittance des margueliers de Lay cy devant
rendue.)

A Philippe de Cantiers, par l'ordonnance de Monsieur de
Courselles, pour aler dudit Lay devers monseigneur de
Longueville pour le fait de l'obcèque (ledit Picheron l'a af-
fermé) . . . . xxvij s. vj d.

A deux compaignons qui prindrent garde au luminaire durant que on fist ledit service, Et pour icelluy estaindre et
alumer, Et pour leur paine d'avoir lavé le corps de feu monditseigneur, pour l'ambosmer. . . . . xx s.

Pour ung sac de trillys achapté pour mettre les bougrans,
après le service fait, pour emporter, et aussi la couverte du
chariot qui se myst a l'entrée des villes. . . . . . . vij s. vj d.

A deux compaignons, serviteurs de Jehan de Lagarde, pour
leur vin d'avoir fait diligence de faire le luminaire audit Paris,
pour Lay audit service . . . . xxvij s. vj d.

(Affermé par ledit Picheron ces iij parties accollées.)

A Jacquete, chambrière du trésorier des guerres, où monditseigneur trespassa, pour la paine qu'elle avoit eue. . . . vj l.

Aux autres serviteurs et chambrière dudit logis. . . . vj l.

(Ces ij parties sont alouées ou compte dudit Picheron, con-
bien qu'il n'en appert point de quictance, touteffoiz ledit Picheron l'a affermé.)

A M° Guillaume de Châteaufort, docteur en théologie, demorant à Paris, la somme de xxvij l. x s. t., pour sa paine et salaire d'estre venu de Paris audit Lay, durant la maladie de feu
monditseigneur, pour le confesser et estre à son trespas, où il a
esté par plusieurs journées. Pour ce, à luy payé, comme appert
par la quictance cy rendue . . . . xxvij l. x s. t.

(Il est apparu de quittance dudit Châteaufort cy rendue.)

A Yvon Fourbault, paintre demorant à Paris, la somme
de xlii l. xij s. vi d. pour sa paine d'avoir fait ij^c lvxiiij escussons aux armes dudit deffunt, pour mettre audit Lay; aussi pour
avoir noircy la chapelle de bois mise sus le corps, la painture
de lentour de ladicte église; Et pour une banyère, panon, estandart et guidon, tout aux armes de feu monditseigneur, pour
mectre en sa chapelle de Cléri, lesquelles parties se montent à
lad. somme de xlii l. xii s. vj d. comme appert par quictance,
cy rendue. Pour ce (il est apparu de quictance dudit Fourbault cy rendue). . . . . xlii l. xij s. vi d.

A Jehan de Lagarde, appoticaire de Paris, la somme de
lv l. vij s. iiij d. p. pour avoir livré le luminaire audit Lay, et
autres mesmes choses, comme il appert par sa quictance cy
rendue. Pour ce, ladite somme valant à tournois. (Il est apparu
de quictance cy rendue) . . . . lxix l. iiij s. ij d.

A lui la somme de xvij l. iij s. viij d. p. pour avoir baillé et
livré certaines drogueries pour ambasmer le corps de feu monditseigneur audit Lay, vallant à tournois xxi l. ix s. vij d., à luy
paiée comme appert par quictance cy rendue, pour ce (il est
apparu de quictance cy rendue) . . . . . . xxi l. ix s. vij d.

A Katherine, vefve de feu Baudet Chenart, la somme
de iiij^c iiij^xx i escu d'or qui deue luy estoit pour la vente de
draps de layne par elle baillez et livrez, pour faire ung poelle
sus le corps de feu monditseigneur; Et aussi pour faire les
robbes de dueil de tous les gentilzhommes, officiers et servi-

teurs dudit deffunt, vallant vi^c lxi l. vij s. vi d. comme appert
par sa quictance cy rendue. Pour ce . . .   vi^c lxi l. vij s. vi d.

(Il est apparu de quictance cy rendue.)

A Guillaume de Sailly, dit Motin, taillendier demorant audit
Paris, la somme de xxxij l. vij s. vi d. pour façon desdites robbes
de dueil, d'un estandart, ung guiton (guidon) et autres choses,
comme appert par sa quictance cy rendue. Pour ce.   xv l. v s.

(Il est apparu de quictance cy rendue.)

A Guillaume Le Prince, aussi taillandier, demorant audit
Paris, la somme de xxxij l. vij s. vi d. pour façon desdites
robbes de deuil comme appert par quictance cy rendue pour ce.
(Il est apparu de quictance cy rendue). . .   xxxij l. vij s. vi d.

A Pierre Menart, pelletier dudit lieu de Paris, la somme de
xlij l vij s. vi d., pour parties de peleteries par lui baillées et
livrées, pour fourrer partie desdites robbes, comme appert par
sa quittance cy rendue. Pour ce . . . . . .   xlij l. vij s. vi d.

(Il est apparu de quictance cy rendue.)

A Raouline, vefve de feu Denis Le Cornu, la somme de
iij^c iiij^{xx} v l. xij s. vi d., pour xl aulnes de veloux noir, à faire
le poelle mys sus ledit corps, et autres choses pour le fait des-
dites obcèques, ainsi que plus à plain est declaré en la quic-
tance qu'elle a baillée cy rendue, pour ce. . . .   iij^c iiij^{xx} v l.

(Il est apparu de quictance cy rendue). . . . .   xij s. vi d.

A maistre Charles de Mau Regard medicin pour sa paine
d'avoir visité feu monditseigneur, en sa maladie, audit Lay,
xiij l. xv s., comme appert par sa quictance cy rendue, pour
ce . . . .   xiij l. xv s.

Pour ung serqueux de plomb et façon dicelluy, pour mectre
le corps de feu monditseigneur, xiiij l. vj s. iij d.
Pour ce. . . . .   xiiij l. vi s. iij d.

(Elles ont esté trouvées et mises ou sac avec les autres.)

A frère Jehan Laignel, chappellain de feu monditseigneur,
pour la façon de son habit. (Il appert de quictance) . .   xx s.

A ung homme qui ala dudit Lay au Bourg la Royne quérir le
cheval de maistre Guillaume Jaquelin, maistre en théologie, qui
estoit pour acompaigner ledit corps. . . . .   x d.

A ung charrectier de Paris, qui admena le pain despencé le jour que on fist le service audit Lay . . . . xiij s. ix d.

A ung compaignon qui, sur son cheval, apporta dudit Lay à Montlehéri v^c francs en monnoie, pour emploier en l'obcèque de feu monditseigneur . . . . • . . . . . . v s.

A Monsr de Courtalain, qu'il bailla à vi chappellains de Montlehéri, qui estoient venuz au devant dudit corps jusques au bout de la ville, et le conduisirent jusques à leur église, chantant. xx s.

A luy, pour bailler aux vicaires de ladite église, pour l'entrée dudit corps en icelle église. . . . . xxvij s. vi d.

A lui, pour bailler à la fabrique de ladite église, et pour les sonneurs . . . . xxvij s. vi d.

Pour chandelles de bougies, pour dire les messes de requiem audit Montlehéri . . . . xx d.

Pour espingles et eguillectes, pour tenir la couverte sus le chariot où estoit porté ledit corps. . . . . x s.

(Il est apparu desdites parties par ung roolle de certiffication signé de la main de G. d'Avaugour rendu cy devant.)

A quatre compaignons cousturiers, demourans oudit lieu de Montlehéri, qui toute la nuyt veillèrent à faire les couvertes et harnois de drap noir pour les chevaulx qui menoient ledit corps. xxx s.

A ung sellier de Paris, qui estoit venu audit Montlehéri, pour tailler les couvertes et harnois, tant pour lesdits chevaulx du chariot que pour les chevaulx d'onneur, et pour le cuir, et pour deux selles neufves aux deux chevaulx de la lectière sur lesquelz estoient montez lesdits pages . . . . . vij l. ix s. iiij d.

(Il appert de ces deux parties de certiffication de G. Marvillier cy rendues servees cy après pour d'autres parties.)

A mondit s^r de Courtalain, pour bailler aux chanoines de l'église de Sainte Croix d'Estampes, pour estre venuz au devant du corps à l'entrée de la ville et le conduire jusques à ladite église, chantant.

(Il appert de ceste partie par le roolle de G. d'Avaugour xxvij s. vi d. rendu cy devant.)

A luy, pour bailler aux cordelliers de ladite ville, pour semblablement estre venuz, (id.). . . . . xxvij s. vi d.

A luy, pour bailler en l'église de Notre Dame d'Estampes, pour aider à la reffaire, en trois escuz . . . . iiij l. ij s. vi d.

A luy pour bailler a la fabrique de l'Eglise de Saincte Croix, audit lieu d'Estampes. . . . . x s.

Pour la façon de trois mortiers de cire, audit lieu d'Estampes, pour dire messes. (Ledit Picheron a affermé ces iij parties). v s.

Pour une livre bougie, audit lieu d'Estampes, pour dire messes. (Ledit Picheron a affermé ces iij parties) . . . . v s.

Au charron dudit lieu, pour quatre bandes de bois par luy mises ou chariot où estoit ledit corps . . . . . . iij s. iiij d.

Audit sr de Courtalain pour bailler aux sonneurs de l'église Notre Dame d'Estampes . . . . xx s. (Il en appert par ledit roolle.)

A ung paintre dudit lieu, pour avoir paint de noir le chariot où se portoit ledit corps. . . . . iij s. iiij d.

Pour trois paire de hosectes pour les charrectiers qui menoient ledit corps. (Il a affermé). . . . . . . xxxvij s. vi d.

A deux pouvres femmes pour aumosne audit lieu d'Estampes. . . . . iij s. iiij d.

A Chambray, pour aler dudit lieu d'Estampes à Cisteaulx, devers Monseigneur de Longueville, pour savoir sa volonté d'aucunes choses qui estoient affaire pour ledit obcèque . . xx s.

Au clerc dudit bailli, qui estoit alé à Paris quérir les draps pour faire aucunes robbes noires. . . . . x s.

A Charlot d'Alonville, par l'ordonnance de Mons. de Courselles, pour achapter trois aulnes de drap noir et la doubleure, pour luy faire robbe de deul (par quictance dud. d'Alonville cy rendue). . . . . x l. xvij t. vi d.

A Jehan Moysan, par ladicte ordonnance, pour semblable, x l. xvij s. vi d. (par quictance dudit Moisen servant cy après sur autres parties).

A Monsieur de Courtalain, pour bailler au curé de l'église du Puiset, pour estre venu au devant dudit corps avec la croix jusques au dehors de la ville, et le conduire en l'église, xxvij s. vi d. (par le roolle dudit d'Avaugour cy devant rendu).

A luy, pour bailler à la fabrique de ladite église. . . . . x l.

Aux sonneurs d'icelle église . . . . v l.

A trois hommes qui ostèrent du bois qui estoit en ladite église, pour faire entrée au chariot où estoit ledit corps, qui en icelle fut toute nuyt . . . . v s.

A ung compaignon qui, sur son cheval apporta aucunes besongnes pour le fait de l'obcèque, dudit lieu d'Estampes audit Puiset, (affermé par ledit Picheron). . . . . viij s. iiij d.

A mondit sieur de Courtalain pour bailler au curé de l'église de Saint Père Avy la Coulombe, lequel avec la croix vint au devant dudit corps, jusques hors le villaige. . . xxvij s. vi d.

A monditsieur de Courtalain, pour bailler à la fabrique de ladite église, en trois escuz. . . . . iiij l. ij s. vi d.

A monditsieur de Courtalain, qu'il bailla à vi compaignons qui firent l'entrée du chariot en l'église dudit Saint Père Avy . . . . xxvij s. vi d.

(Il appert desdites parties par ledit roolle dudit Courtalain).

Pour lxi messes sélébrées à Baugenci, le jour que on y fist le service de feu monditsïeur, distribuées par la main de Julian Chappellain, serviteur de feu monditseigneur, au pris chacune messe de v s. t. vallent. . . . . xv l. v s. t.

(Par quittance dudit Julien Chapellain montant xlviij l. xv s. t., servant cy pour lesd. xv l. v. s., et cy après, pour le résidu de ladite somme, pour certaines messes dictes à Cléry.)

A / Germain Fée sur les besongnes per luy faictes audit Baugenci (cela est contenu cy devant). . . . . lv s. t.

A Jehan Moysan, pour distribuer aux gentilzhommes et autres estans à la grant messe, le jour du service audit Baugenci, (Par quictance dudit Moysen rendue cy devant, servant cy pour lesdits lxxvi t. viij d.). . . . . lxxvi t. viij d.

Pour chandelles de bougie, pour dire les messes audit Baugenci. (Ledit Picheron a affermé avoir paié ces deux parties). . . . . xiij s. ij d.

Aux sonneurs de ladite église de Baugenci . . xxvij s. vi d.

A ung paintre de Baugenci, pour iiij^{xx} escussons noirs aux armes de feu monditseigneur, pour mettre autour de l'église dudit Baugenci (dont quittanche Picheron ; depuis il a baillé c t. lad. quietance et mise en la liasse).

A deux compaignons pour leur paine d'avoir estaind et donné garde du luminaire, en faisant ledit service . . . . v s.

A trois compaignons dudit Baugenci qui ostèrent le fumyer et nectoièrent devant ladite église, x s., et pour deux pelles de bois, xx d. pour tout. . . . . xi s. viij d.

Pour clous à atacher les dits escussons aux torches que portoient les pouvres . . . . iij s. iiij d.

Pour espingles pour atacher les bougrans les ungs [aux] autres, en l'église dudit Baugenci. . . . . vij s. vi d.

A ung compaignon dudit lieu, pour sa paine d'avoir aidé à tendre iceulx bougrans . . . . v s.

Pour clou à crochet et autres, pour tendre lesdits bougrans audit lieu de Baugenci.

A vj compaignons qui veillèrent toute nuyt, pour aider à faire la chappelle de bois qui fut mise sus le corps, audit Beaugenci. . . . . vij s. vj d.

A Vouvent, pour aler dudit lieu de Beaugenci à Chasteaudun, porter lettres de par Monsieur de Courselles, l'un desdits exécuteurs, pour ilec faire ledit service. . . . . . . vxvij s. vj d.

A Jehan de Mineray pour bailler au maistre d'escole de Beaugenci pour plusieurs menues parties par lui paiees pour le fait dudit obcèque. . . . . lv s.

(Il a affermé ces parties accollées.)

Pour despence faicte par Nicolas de Lespece, lequel fut envoyé toute nuyt, dudit Beaugenci à Chasteaudun, pour faire venir le drap d'or qui fut mys sur le corps de feu mondit seigneur (affermé) . . . . vij s. vj d.

A ung homme de Chasteaudun, pour avoir apporté sus son cheval ledit drap audit Beaugenci. . . . . vij s. vj d.

A Guillaume, serviteur de Marvillier maistre d'ostel, pour le drap et doubleure d'une robbe de deul, par l'ordonnance de mons. de Courselles en vj escuz (quictance par Guillaume cy rendue) . . . . viij l. v s.

A ung homme de Beaugenci, qui fut envoié au devant des bougrans pour les haster (affermé). . . . . v s.

A ung compaignon de Chasteaudun, pour sa peine d'avoir apporté une pièce de sarge noire de Chasteaudun audit Beaugenci. x s.

A ung charrectier qui fut envoié quérir du bois aux [   ] pour tendre lesdits bougrans hors de ladite église, audit Beaugenci . . . . iij s. iiij d.

A Estienne Regnart, pour sa paine et despense d'estre alé de Beaugenci à Chasteaudun, quérir aucunes besongnes pour l'obcèque et retourner audit Baugenci et Cléri. . xxvij s. vj d.

Pour vij^c et demi d'espingles achaptées à Nostre Dame de Cléri, pour atacher les bougrans l'un à l'autre dedans ladite église (affermé par ledit Picheron) . . . . vij s. vj d.

A Jehan Moysan, serviteur de feu monditseigneur, pour distribuer à ceulx qui estoient à la grant messe audit Cléri, le jour de l'enterrement, pour l'offrande (par quictance dudit Jehan Moisen cy devant rendue). . . . . xxviij s. iiij d.

A frère Jehan Laignel, chappellain de feu monditseigneur, qu'il employa en l'aumosne généralle à tous pouvres venans audit Cléri le jour dudit enterrement (par quictance dudit Laignel cy rendue servant cy après pour autres parties.). ij^c l.

A dix chappelains qui estoient venuz de Paris quant et le corps, depuis Lay jusques audit Cléry, et où ils ont vaqué en venant, et pour eulx en retourner audit Paris xij jours entiers, à chacun xij s. par jour, vallent. . . . . lxxij l.

(Par quictance desdits chappelains cy rendue.)

A ung paintre d'Orléans, qui avoit fait les escussons et noircy autour de la chappelle de bois mise sus le corps audit Cléry, outtre trois escuz à lui baillez par le bailli de Dunois. . . v s.

(Afferme Picheron avoir paié lesdites parties.)

A deux compaignons qui piquèrent des paulx de bois hors de ladite église de Cléri pour tendre des bougrans et sarges . . . . xij s. vj d.

A deux autres compaignons qui ont alumé et estaind les cierges audit Cléry, le service durant. . . . . x s.

A ung maçon dudit lieu pour avoir aidé à faire la fousse où fut mys le corps de feu monditseigneur, audit Cléry. . . x s.

Aux religieux et couvent des Frères mineurs de Chasteaudun, pour leur salaire et despence d'estre venuz en grand nombre audit lieu de Cléry, et là assister aux services et dire vigilles de mors xv l. (comme appert par quicfance cy rendue), pour ce . . . . xv l. t.

A Messieurs de chappitre de Nostre Dame de Cléri, pour composition faicte avec eulx de toute chose et pour xl livres de cire qu'ilz baillèrent au pris de iij s. iiij d. pour la livre, en liiij escuz . . . . lxxiij t. vi s. viij d.

(Par quictance desdits chanoines cy rendue.)

A ung des chapellains dudit lieu pour sa paine d'avoir fait le pain à champter, pour le jour du service et enterrage de feu monditseigneur . . . . xxvij s. vj d.

A ung compaignon qui a servi les prebstres en champtant lesdites messes audit Cléri (affermé). . . . . ij s. vj d.

A Jullien Chappellain, serviteur de feu monditseigneur, pour distribuer à six vingts et quatorze prebstres lesquels disrent messes chascun le jour dudit enterrement audit Cléri et pour chacune messe v s. t. vallent (par quictance dudit Julien Chapellain cy devant rendue). . . . . xxxiij l. x s.

A Mess. Pierre de la Rivière, Pierre Hermyer, Nycolas Myay, Pierre Barilleau et Guillaume Martin, chanoines dudit Cléry, pour v messes par eulx dictes, du nombre desdits prebstres qui devoient estre prins à Meung et à Cléri, à chacnn xij s. t., pour ce . . . . lx s.

A Richard Fé d'Orléans, pour le bois et façon de la chappelle de bois mise sur le corps de feu monditseigueur, audit Cléry. . . . . xx l. x s.

A M. Simon Duval, maçon, pour la paine de luy et d'autres qui ont fait et maçonne la fousse dudit corps, et pour pierre. xviiij l. x s. x d.

(par quictance desdictes iij parties accollées cy rendues).

A vj hommes qui portèrent les torches neufves au devant des pouvres jusques au gué dudit Cléry. . . . . v s.

Pour eguillectes pour atacher la couverte du chariot où fut bouté le cueur de feu monditseigneur, pour porter à Chasteaudun. . . . . ij s. vj d.

A ung cousturier, pour sa peine d'avoir cousu le drap d'or sur le poelle de feu monditseigneur. . . . . x d.

A ung sellier, pour sa paine d'avoir cuidé coller de la toille noire sur le plomb où estoit ledit cueur enfermé . . . . . x d.

A ung charrectier qui mena et ramena aucunes besongnes de Beaugenci à Cléri, pour le fait dudit obsèque. xxij s. vj d. (affermé par Picheron).

A xx prebstres prins à Chasteaudun, c'est assavoir, cinq en la sainte chappelle de Chasteaudun, v à la Magdalene, v à sainct André et v à sainct François, pour leur paine et sallaire d'estre venuz dudit Chasteaudun à Baugenci et Cléri, au service de feu monditseigneur, pour faire le service de vigilles et de messes, le jour de l'enterrement dudit corps, du nombre de xxx prebstres que feu monditseigneur avoit ordonnez par son testament, la somme de lx l., qui est à chacun desdits prebstres lx s. t. Comme il appert par certiffication cy rendue, pour ce, lx l. t. (de ceste partie fault apporter certiffication desdits prebstres).

Au curé de l'église de la Ferté de Villeneuil, pour estre venu avec la croix au devant dudit cueur, audit lieu. . xiij s. ix d.

A Monsieur de Courtalain, qu'il bailla à la fabricque de l'église parroichialle dudit lieu. . . . . xxvij s. vj d.

A luy, pour bailler à l'ostel Dieu dudit lieu de la Ferté . . . . xiij s. ix d. (par certiffication du sieur de Courtalain cy devant rendue).

Pour deux sierges prins audit ostel Dieu, pour apporter en l'église de ladite parroisse, pour dire la grant messe . . . v s.

A ung homme qui nectoya ladicte église. . . . . . . x d.

Pour une messe paiée audit lieu (affermé). . . . ij s. vj d.

Pour lxxiij messes sélébrées en la saincte Chappelle de Chasteaudun, quant le cueur y fut mys en terre, à iij s. iiij d. t. pour messe, vallent (par quictance de Julien chappellain cy rendue). . . . . xij l. iij s. iiij d.

A frère Jehan Laignel, qu'il avoit distribué en ausmosne généralle à tous pouvres, audit lieu de Chasteaudun, le jour de
l'enterrement dudit cueur (par quictance dudit frère Jehan cy
devant rendue) . . . . I l. t.

A ung cordelier de Paris, pour vigiles et service par luy fait
pour feu monditseigneur, par xxij jours . . . . lv s.
(par quictance de frère Jehan Laignel, cy devant rendue).

A monsieur de Courtalain, pour emploier en l'offrande audit
Chasteaudun (par certiffication dudit de Courtalain cy devant
rendue). . . . . iiij l. xvj s. vj d.

A Regnault de Villiers, serviteur de feu monditseigneur,
pour bailler à l pouvres qui acompaignèrent le corps de feu
monditseigneur depuis Lay à Cléri, et Chasteaudun le cueur,
où ilz vaquèrent x jours entiers, et pour leur retour iij, qui
sont xiij jours, à vi s. iij d. à chacun par jour, pour lesdits
xiij jours, vallent. . . . . ijᶜ iij l. ij. s. vi d.
(par quittance dudit Regnault de Villiers cy rendue).

Pour espingles, pour atacher les bougrans audit Chasteaudun,
le jour que on y fist le service . . . . v s.

Aux sonneurs de sainct André de Chasteaudun x s., et à
ceulx de la Magdalène xx s., pour leur paine d'avoir sonné le
jour dudit service . . . . xxx s.
(de ceste partie sera apportée certiffication).

A Philipot Huet, serviteur de Denis le Breton, pour la despence par luy faicte de Paris à Chasteaudun, pour avoir apporté
l'estandard et le guiton de feu monditseigneur, pour mectre à
Cléri (affermé). . . . . xxx s.

A Mytaine, homme de pié, pour avoir acompaigné le corps de
feu mondit seigneur, par l'ordonnance des exécuteurs (affermé) . . . . xxvij s. vi d.

A Vouvent, pour deux voiages par luy faitz de Chasteaudun
à Cisteaux, pour le fait dudit obcèque (affermé) . . . . . xx s.

A Thierry Ysbrant et René de Dremen brodeurs, demorans à
Chartres, pour quatre tables d'autel et quatre escussons de
brodeure par eux faiz, pour ledit obcèque, xix l. v s., et
pour despense par eulx faicte, xxvij s. vi d., qui est

en tout (par quictances desdits Ysbrant et Dremen cy rendues). . . . . xxij l. xij s. vi d.

A maistre Pol Goybault (1), pour ij^c x escussons de papier,
aux armes de feu monditseigneur, par luy faiz à Chasteaudun;
c'est assavoir, lxx de deux fueilletz à xv d. chacun, vi^{xx} d'une
fueille à x d. et lx de demie fueille à vj d., vallent lesdits ij^c x escussons audit pris . . . . xl l. vij s. vi d.
(par quictance du Me Paul cy rendue).

A ung homme de Chasteaudun, pour le salaire de son
cheval, que maistre Guillaume Jaquelin, docteur en théologie,
avoit loé pour aler visiter feu monditseigneur, en sa maladie
audit Lay, qui l'avoit envoié quérir (affermé). . . . . . xxx s.

A quatre charrectiers de Beaugenci, qui menèrent plusieurs
besongnes à Chasteaudun, pour l'obcèque de feu monditseigneur . . . . cxv s.
(par certifficacion de Guillaume de Mainvilliers, rendue cy
devant).

A Germain Fée, sur la façon des deux chappelles de bois,
pour Chasteaudun et Baugenci, ix l. ix s. xi d., qui luy ont
esté paiée, comme il appert par quictance . ix l. ix s. xi d.
(soit recouvert la quictance dudit Germain Fée ou de ses héritiers. Il a esté depuis apparu de quictance dudit Fée rendue sur
le compte du bailly de Duncis).

A Jehan Le Tonnellier, la somme de lviij l. xij s. vi d., pour
le luminaire par luy livré et fait, qui fut mys en la saincte
chappelle de Chasteaudun, le jour que on y fist le servi..., comme
il appert par quictance cy rendue pour ce. . lviij l. xij s. vi d.

(Y sera recouvert quictance ou certiffication. — Il a esté
depuis apparu de quictances dudit Jehan Le Tonnellier de
ladicte somme de lviij l. xij s. vi d. mises en la liace.)

(1) Grymbault.

A Jacques Ponceau, siergier d'Orléans, pour le luminaire fait par lui pour Baugenci, ainsi qu'il appert par les parties et livres de cire livrées par lui. . . . . cl l. x s. ij d. (Les quictances de ces parties accollées sont rendues sur le compte que a rendu le bailly de Dunois, du testament de feu Monseigneur, qui sont mises en une liace à part.)

It. pour porter ledit luminaire depuis l'ostel dudit Ponceau jusques au port de la rivière d'Orléans. . . . . xx d.

It. au voiturier par eaue qui mena ledit luminaire d'Orléans à Baugenci. xx s. t.

It. pour paille à mectre ou bateau. . . . . xx d.

It. en corde achaptée, pour lier le coffret où fut mys ledit luminaire . . . . xv d.

It. à Guillaume Pillas, de Baugenci, pour le luminaire que Mineray luy fist faire, pour ce qu'il n'y en avoit pas assez de celly d'Orléans, à luy paié . . . . ix l. t. v s.

It. pour deux xij^{nes} de potz à mectre encens, envoiez à Beaugenci . . . . ii s. vj d.

It. pour une livre d'encens. . . . . v s.

It. à Me Robert Turpin, de Baugenci, la somme de xxiiij s. t. qui deue luy estoit pour le logeiz de l'escuyerie de feu monditseigneur, quant son corps fut mené de Baugenci à Cléri. . . . . xxx s. t.

It. pour la despense faicte à Orléans, par Jehan de Mineray et le bailly de Dunois, pour marchander à faire les escussons et le luminaire, et vaquer à autres besongnes servans à l'exécuteur dudit testament . . . . xxx s.

It. pour xxiiij aulnes de bougrans, en deux pièces, achaptés à Orléans, de Pierre Le Vassor, vallent vj bougrans, au pris de xiij s. p. la pièce, vallent. . . . . . . iiij l. xvij s. vi d.

Pour xxiiij autres bougrans prins sus ledit Vassor, qui n'estoient pas de toille neufve, au pris de xij s. p. la pièce vallent. xviij l. t,

It. pour deux bougrans prins sus Macias, mercier d'Orléans, au pris de xiiij s. p. la pièce, vallent. . . . . xxxv s.

It. pour ung bougran achapté de Boart, mercier d'Orléans, au pris de xvi s. iij d. pièce. . . . . xvj s. iij d.

It. à Gilet de l'Aubépine, marchant d'Orléans, pour iij bougrans de xiij s. p. pièce, vallent. . . . . . iiij l. xvi s. vi d.

It. pour trois autres pièces de bougrans entières prises dudit Gilet, audit pris de xiii s. p. la pièce, vallent . . xlix s. ix d.

It. audit Gilet pour deux pièces de bougran contenant vj aulnes, au pris de iij s. p. l'aulne, vallent. . . xxij s. vi d.

It. à Jehan Blandin, mercier d'Orléans, pour trois pièces entières de bougrans à xij s. p. la pièce, vallent. . . . . xlv s.

It. pour ung sac achapté pour mectre lesdits bougrans, pour mener à Baugenci. . . . . iij s. vi d.

It. pour la voicture de celluy qui mena par terre le luminaire, de la rivière de Loire à Cléri. . . . . x s.

It. à Jehan Rebondi d'Orléans, cordier, la somme de xiiij s. viij d. p. pour cordes par lui baillées à tendre lesdits bougrans, à la venue du corps de feu monditseigneur audit Baugenci . . . . xviij s. iiij d.

It. à Huguecte, femme de Ambroise Gastineau, de Baugenci, la somme de xxij s. p., pour certaine quantité de cordage qu'elle bailla, pour tendre le jour que ledit corps fut apporté à Baugenci. . . . . xxvij s. vi d.

A Valentin Orgeron, mercier, demorant à Orléans, qui fut envoié dudit lieu à Chasteaudun porter lectres servens d'envoier le drap d'or à Cléri, et autres choses. . . . . . xxvij s. vi d.

It. à Me Richard Fé, pour les deux chappelles à mectre le luminaire dessus faictes à Baugenci et Cléri, la somme de . . . . xl l. t.

It. à ung paintre, pour avoir noircy lesdictes deux chappelles . . . . iiij l. t. ij s. vi d.

It. à Pierre, painctre d'Orléans, pour ses escussons par luy faiz et envoiez.

It. au voicturier par eaue qui mena les Religieux des iiij ordres mendians d'Orléans à Baugenci et Cléri . . . xl s,

(Soit aporté quictance de cette partie par le bailly de Dunois qui en a rendu le compte.)

It. pour la despense desdits iiij ordres mendians, qui fisdrent à Baugenci et à Cléri, et pour eulx en retourner à Orléans, la somme de xiij escuz d'or, vallent . . . . . xvij l. xvij s. vi d.

It. ausd. iiij ordres mendiens, pour leurs legs à eulx fait par feu monditseigneur, pour venir à Baugenci et à Cléry à son obiit. . . . . xl l. t.

It. à ceulx qui veillèrent le corps à Cléri. . xxvij s. vi d. (Les quittances de ces parties accollées sont rendues sur le compte dudit bailly de Dunoiz qu'il a renduz dudit testament et mises en la liace.)

It. à v prebstres qui vindrent de Meung chanter à Cléri, le jour de l'obiit, estans du nombre des dix prebstres déclarez oudit testament. . . . . lx s.

It. ausdits quatre ordres mendiens d'Orléans, pour une messe qui ont dicte chacun jour, l'espace d'un an après le trespas de feu monditseigneur, et par son ordonnance testamentaire, la somme de . . . . ijᶜ l. t.

It. aux Cordeliers de Chasteaudun, pour deux messes qu'ilz ont dicte chascun jour après le trespas de feu monditseigneur, ainsi qu'il a ordonné par son testament . . . . c l. t.

It. à chappitre de Cléri, pour une messe à note qu'ilz ont dicte chacun jour après le trespas de feu monditseigneur, ung an durant, selon l'ordonnance par cy devant . . . . . . c l. t.

It. pour iiij messes qui ont esté dictes en la chappelle de Chasteaudun, pour l'âme de feu Jehan de Saveuze, par chacun jour durant deux ans, ordonnées y estré dictes par feu monditseigneur en son testament . . . . viijˣˣ l. t.

It. pour l'aumosne de cinquante pouvres faicte à Chasteaudun, par chacun jour d'un an commencant le premier jour de janvier après le trespas de feu monditseigneur, paiée à messire Raoul Maunorri, aumosnyer, ainsi qu'il est contenu oudit testament. . . . . xijˣˣ xvi l. t.

It. pour l'aumosne ordonnée estre faicte à Baugenci, de xxx pouvres chacun jour durant ung an, distribuée par messire

Jehan Guillot aumosnyer de l'abbaye dudit lieu, comme appert
par ses quictances cy rendues . . . . ij^c l. t.

It. pour l'aumosne ordonnée estre faicte à Cleri, de xx pouvres
chacun jour durant ung an, distribué par messire Jehan
Barrilleau, chappellain dudit Cléri, la somme de vj^{xx} l. t., comme
appert par sa quittance cy rendue, pour ce. . . . . . vj^{xx} l.

It. pour cuire le pain de ladite aumosne et pour la paine de
celly qui en a la charge, audit Cléri . . . . vij l. x s.

It. à Anthoine d'Arquene et Marie de Berthemont sa femme,
pour le laiz à elle fait par feu monditseigneur, pour son ma-
riage, ij^c l. t. comme il appert par sa quittance. . . . ij^c l. t.

It. pour le mariage de cent filles pucelles, ès villes qui
ensuivent; c'est assavoir, à Chasteaudun xxx, à Longueville xx,
et à Baugenci xx, à chacune desquelles a esté paié et baillé
à leur mariage la somme de viij l. t., ainsi qu'il appert, a
esté ordonné par le testament de feu monditseigneur, pour
ce. . . . . viij^c l.

It. pour les aumosnes ordonnées par feu monditseigneur par
sondit testament estre faictes, à pouvres gens souffreleurs
et indigens, ès villes de Chartres, Chasteaudun, Baugenci,
Blois, Tours, Partenay et Longueville, en chacune d'icelles
c l. t., pour ce. . . . . vij^c l. t.

It. pour l'aumosne ordonnée estre faicte par feu monditseigneur, audit lieu de Blois, pour l'âme de feu Jehan de Saveuze,
ainsi qu'il appert audit testament. . . . . ij^c l. t.

It. à ung chappellain qui fut à Guy de Romilli, pour messes
qu'il avoit dictes pour feu monditseigneur, tant à Lay comme à
venir de là à Baugenci et Cléri, par l'ordonnance de Mineray
et autres . . . . xxvij s. vi d.

Autres déniers paiez pour debtes deues par feu mondit seigneur, dont les aucunes sont déclarées par son testament, les
autres ont esté trouvées estre deues par obligacions et ensei-
gnements; et aussi de plusieurs laiz faiz par ledit testament et
autres choses faiz par le fait d'icelluy.

Premièrement.

A Jehan Lempereur, orfèvre demourant à Tours, à qui il estoit deu par feu monditseigneur et ordonné par son testament, de ce qui luy estoit deu, comme appert par sa quictance cy rendue, pour ce. . . . . ijᶜ iiijˣˣ viij l. v s. iij d.
(Le compte et la quictance dudit Jehan Lempereur, montant ladite somme de ijᶜ iiijˣˣ viij l. v. s. iij d. sont renduz sur le compte que a rendu ledit bailly de Dunois et mis en la liace, et pareillement la quictance desdits héritiers de feu Cochet, montant viijˣˣ v l. t.)

It. aux héritiers de feu Coichet de Tours, qui leur estoit deu par feu monditseigneur, vjˣˣ escuz d'or, vallent viijˣˣ v l. t., comme appert par quictance cy rendue, pour ce . viijˣˣ v l. t.

It. à Monsieur de Courselles, Jehan de Mineray, et à maistre Florent Bourgoing, nomméz exécuteurs oudit testament, à chacun c l. t., à eulx données par feu monditseigneur, pour ce . . . . iijᶜ l.
(Lesdits sieurs de Courcelles et Mineray ont certiffié avoir receu chacun c. l., toutes voyes fault recouvrer la quictance d'eulx, et celle dudit bailly.)

It. aux héritiers de feu Chédeville de Blois, ausquels estoit deu de reste c. l. t., que feu monditseigneur avoit ordonnez estre paiez par son testament, comme appert par quittance cy rendue, pour ce . . . . c l.
(Par quictance des héritiers dudit Chédeville, rendue sur le compte dudit bailly de Dunois, avecques l'obligation de feue Madame.)

It. à la vefve de feu Jehan Doulcet de Blois, qui fut maistre de la chambre aux deniers de feu Monseigneur le duc d'Orléans, à elle paié viijˣˣ escuz d'or, ainsi qu'il avoit esté ordonné par testament de feu monditseigneur, comme appert, pour ce . . . . ijᶜ xx l. t.
(L'obligation de feu monseigneur est rendue sur le compte dudit bailly de Dunois, avecques la quictance des héritiers dudit Doulcet.)

A Monsieur de Pressigny, qui luy estoit deu de reste de plus grant somme, par feu monditseigneur, la somme de ij^c escuz d'or, ainsi qu'il est apparu, pour ce . . . . ij^c lxxv l.
(Les obligacions de monseigneur et quictances des parties cy accollées sont rendues sur le compte dudit bailly, et mises en la liace).

Aux héritiers feu messire Jehan de Reffuge, la somme de cinq cens escuz d'or, deue par feu monditseigneur audit Reffuge, ainsi qu'il appert par l'obligation et quictance cy rendues, pour ce. . . . . vj^c iiij^{xx} vii l. x s.

Aux héritiers de feu hoste de Loines, de Paris, pour debte à eulx deue par feu monditseigneur. . . . . l l. t.

Aux héritiers feu Pierre Lesbay, ausquels feu monditseigneur avoit ordonné par son testament estre paié la somme de vj^{xx} escuz d'or, vallent viij^{xx} v l. t.; ainsi qu'il appert de l'obligation et quictance, pour ce . . . . viij^{xx} v. l.

A Guion de Puygirault, escuier, ayant la cause de feu monseigneur de Stissac, la somme de quatre cens escuz d'or, au pris chacun escu de xxx s. iij d., qui deue estoit par feu monditseigneur audit sieur de Stissac, de reste de plus grant somme, comme appert par le scellé de feu monditseigneur et dudit Guion, quictance, pour ce. . . . . vj^c v l. t.

A maistre Jehan Garnier, qu'il avoit paié à ung homme de Moret, auquel estoit deu de xxxv à xxxvj l., auquel a esté composé pour le tout à la somme de xxx l. t., pour ce.   xxx l. t. (comme ilsta ep paru).

A Richard Fourniquet, drappier demorant à Blois, la somme de quatre vings douze l. viij s. ix d. t., qui deue ly estoit par feu monditseigneur, et dont il a rendu l'obligacion et baillé la quittance cy rendue, pour ce . . . . . iiij^{xx} xij l. viij s. ix d.

A Jehan de Luz, orfèvre demorant à Blois, orfèvre de Madame d'Orléans, et autres ses compaignons, pour avoir fait ue leur mestier ung escrin où a plusieurs emaulx servent en la chappelle de Chasteaudun ; et pour xv escuz qui leur estoient deuz par feu monditseigneur, pour autres ouvrages par eulx faitz, et pour lesquels ils retenoient ledit escrin, à eulx baillé la somme

de 1 escuz d'or vallent lxvij l. xv s. t., dont il appert de quictance cy rendue, pour ce. . . . . lxvij l. xv s.

A Pierre.Boulart, marchand peletier demourant à Blois,
héritier à cause de sa femme de feu Geoffroy Le Gras, la
somme de vj^{xx} iij l. xvij s. vj d. t., restans à paier de plus grant
somme deue par feu monditseigneur et Madame audit Legras,
comme appert par cedulle de monditseigneur, et quictance dudit
Boulart cy rendue, pour ce . . . . vj^{xx} iij l. xvij s. vj d.

A Anthoine Angirault, héritier à cause de sa femme de feu
Estienne Troisillon, en son vivant serruzier, la somme de
xxv escuz d'or qui deue estoit audit Troisillon, par cédulle de
feu monditseigneur, comme appert par ladite cédulle et quictance dudit Anthoine, cy rendue, pour ce . . . xxxvij l. x s.

A Messire Giles de Rouvroy, dit de Saint Simon, chevalier,
bailli de Senliz, la somme de vj^c escus d'or, au pris chacun escu
de xxviij s. iij d., qui deue luy estoit comme héritier à cause de
sa femme de feu Floquet, de reste de plus grant somme en
laquelle feu monditseigueur estoit obligé audit Floquet,
comme appert par l'obligacion et quictance cy rendue, pour
ce . . . . vj^c xxv l. t.

A Anthoine Boucher, demourant à Orléans, la somme
de iiij^c xl l. t. par composicion faicte avec luy, pour plus grant
somme en quoy feu monditseigneur lui estoit tenu et obligé,
comme appert par obligation et quictance dudit Boucher, cy
rendue, pour ce . . . . iiij^c xl l.

A maistre Estienne de Labergement, la somme de iiij^c réaux
d'or en quoy feu monditseigneur lui estoit tenu par son obligacion à François Victor, comme appert par icelle et quictance
cy rendue, pour ce . . . . vj^c l.
(Lesdictes obligacions et quictances de ces ij parties accollées
ont esté recouvertes de Denis Lebreton, qui en avoit fait les
paiements, et mises en la liace.)

A Messire Raoul Maunoury, commis du temps de feu monditseigneur à paier les mises des réparacions du chastel de
Chasteaudun, la somme de ix^c l. t. pour icelle bailler et délivrer
aux maçons, maneuvres, carriers, charpentiers, couvreurs et

autres ouvrieis qui avoient besoigné oudit chastel et qui leur
estoit deue ouparavant le trespas de feu monditseigneur, pour
ce . . . . ix^c l. t.

(Y sera recouvert le compte dudit Maunourry, avec certifficacion du naiement d'icelle somme.)

A maistre Nicole Du Val, maistre des œuvres dudit chastel,
la somme de ij^c l. t., pour ses gaiges et salaires à luy deuz du
vivant de feu monditseigneur, et qu'il avoit ordonné par son
testament luy estre paiez, pour ce . . . . ij^c l.
(M^o J. Garnier en a la quictance. — Y sera recouvert quictance ; elle est en la liasse.)

A Guy de Romilli, secrétaire de feu monditseigneur et commys à faire la despense ordinaire de mes damoiselles ses filles,
la somme de ix^c l. t., pour le rembourser de semblable somme
qui luy estoit deue pour la fin de ses comptes, jusques au jour du
trespas de feu monditseigneur, pour ladite despense ordinaire
de bouche qu'il avoit paiée aux marchans et autres qui avoient
fourny ladite despense, pour ce. . ix^c iiij^{xx} xviij l. viij s. ij d.
(Nota, de veoir la somme qui est en la fin de compte. Y sera
recouvert l'arrest dudit compte et quictance dudit Romilli.)

A Madame de La Trymoille, la somme de v^m réaulx d'or en laquelle feu monditseigneur estoit tenu et obligé, comme appert par
ses lettres obligatoires signées de sa main et scellées de son scel,
avec la quictance de ladite dame cy rendue. Pour ce. vij^m v^c lt.

(Y sera recouvert ladite obligation et quictance. Les dites obligation et quictance ont esté depuis recouvertes et sont mises
dans un sac avecques les autres besongnes dudit testament, et
pareillement celles de ceste seconde partie faisant mencion de
M. de Rohan.)

A Monsieur de Rohan, la somme de iiij^m réaulx d'or, par
composition faicte avec luy, pour la somme de vi^m réaulx en
quoy feu monditseigneur, et par son obligation, il estoit tenu
envers luy ; Et dont il tenoit en procès feu monditseigneur en
la court du Parlement, de longtemps avant son trespas, comme
appert par ladicte ohligacion et quictance cy rendue, pour
ce. . . . . vi^m l. t.

A Robert de Hueval, frère et héritier de feu Jehan de Hueval, la somme de v^c xv l. t., qui deue luy estoit par feu monditseigneur, comme appert par obligation signée de sa main, à lui paiée et par quictance cy rendue, pour ce . . . . . v^c xv l. t.

(L'obligacion de monseigneur et quictance dudit Huval sont cy rendues et ont esté recouvertes du receveur de Longueville, qui en feist le paiement.)

A Jehan Coillebault, boucher, la somme de xxxvij l. v s. t. qui deue luy estoit par feu monditseigneur, pour plusieurs parties de chars à lui livrées du vivant de feu monditseigneur, durant sa maladie, comme appert par sa quictance cy rendue, pour ce (sera recouvert quictance). . . . . . xxxvij l. v s. t.

A Jehan Delagardé, appoticaire de Paris, la somme de vij^{xx} viij l. xiij s. viij d., qui deue luy estoit par feu monditseigneur, pour plusieurs parties d'espiceries et drogueries par luy livrées du vivant de feu monditseigneur, durant sa maladie, comme appert par sa quictance cy rendue, pour ce . . . . vij^{xx} viij l. xiij s. viij d.

(Il appert de la quictance dudit Jehan Delagarde montant les dites vij^{xx} viij l. xiij s. viij d. mise en la liace.)

A Jehan de Neufbourg, la somme de lxi l. ij s. vi d. qui deue luy estoit par feu monditseigneur, pour plusieurs parties de draps de layne et de soye, par luy livrez à Paris et à Roen, pour ce. . . . . lxi l. ij s. vi d.

(Y sera recouvert quictance ou certiffication. Il a depuis esté apparu, des parties dudit feu Jehan de Neufbourg, et par la quictance de la vefve dudit Neufbourg cy rendue, mise en ladite liace.)

Note de veoir le compte de Jehan de Beaune, pour savoir s'il a riens baillé pour le fait de l'obcèque et autres debtes.

A Thierry Ysbrant et René de Dremen, brodeurs demourans à Chartres, la somme de vi^{xx} x escuz d'or qui deue leur estoit pour leur paine et salaire d'avoir fait plusieurs tables d'autel, diacres et soubzdiacres et chappes, pour la sainte chappelle de Chasteaudun, du temps de feu monditseigneur, pour ce . . . . viij^{xx} xviij l. xv s.

(Le compte sera recouvert. Il appert de la quictance de Yssebrant, qui a esté depuis recouverte, montant lesdits viij^{xx} xviij l. xv s.)

A Messire Guillaume Prunellé, seigneur de Herbault, la somme de iiij^{xx} vi l. xij s. vi d., pour gaiges qui luy estoient deuz par avant le trespas de feu monditseigneur. Comme appert par quictance cy rendue, pour ce (Il est apparu de quictance mise en la liasse) . . . . iiij^{xx} vi l. xij s. vi d.

A Pierre de la Ferté, pour semblable, comme appert par quictance cy rendue, pour ce. . . . . . . xliij l. vi s. iij d.

A Pierre Théligny, pour semblable, comme il appert par sa quictance cy rendue, pour ce. . . . . xliij l. vi s. iij d.

A Jamot Autier, pour semblable, comme appert par quictance cy rendue, pour ce. . . . . xliij l. vi s. iij d.

(Il a depuis fait apparoir de quictances desdits de la Ferté, Théligny et Jamot Auctier cy rendues et mises en la liace.)

A Simonne Sicarde, encienne damoiselle de feue Madame, qui longuement l'avoit servie, la somme de c l. t. que feu monditseigneur par son testament luy avoit ordonnée et laissée, comme appert par la quictance cy rendue, pour ce . . . c l.

(Par quictance de ladite Simonne, mise en la liace.)

A ladicte Simonne la somme de xxx l. t., que feu monditseigneur luy a ordonnée de pension à vie, pour ce icy pour neuf années escheues depuis le trespas de feu monditseigneur jusques au xxive jour de novembre mil cccc lxxvii derrenier passé, la somme de. . . . . ij^c lxx l.

(Y fault recouvrer quictance de ladicte Simonne.)

Aux religieux et couvent des Frères Mineurs de Chasteaudun ; la somme de c l. t., à eulx ordonnée et laissée par feu monditseigneur, par son testament, pour emploier à la réparation de leur église, qui leur a esté payée, comme appert par quictance, pour ce. c l.

Ausdits frères Mineurs, la somme de xl l. t., qui deue leur estoit avant le trespas de feu monditseigneur, pour messes par eulx dictes pour le salut de l'âme de feue Madame, comme appert par quictance cy rendue, pour ce. . . . . xl l.

(Il est apparu depuis de quictance de frère G. Jaquelin.)

A Michel Robeton et Julien Chappellain, serviteurs et varletz de chambre de feu monditseigneur, la somme de iij^c x l. t. qui est à chacun clv l., qui leur avoit ordonné et laissé, tant par son testament comme par le codicille, ainsi qu'il appert par quictance cy rendue, pour ce. . . . . iij^c x l.

(Il est apparu de quictance desdits Michel et Jullien en une fueille de papier signée A. Chaillou.)

A Jehan Moysan, aussi varlet de chambre de feu monditseigneur, la somme de c l. t., que feu monditseigneur lui avoit ordonnée par son testament, comme appert par quictance cy rendue, pour ce . . . . c l. t.

(Il est apparu de quictance signée semblablement.)

A Colin du Four, queux de feu monditseigneur, la somme de iiij^{xx} l. t., ordonnée et laissée par ledit testament, comme appert par quictance cy rendue, pour ce (Il est apparu de quictance comme dessus). . . . . iiij^{xx} l. t.

A Germain Perrinel, serviteur de feu monditseigneur, la somme de iiij^{xx} l. t. ordonnée par ledit testament, comme il appert par quictance, pour ce . . . . iiij^{xx} l. t.

A Philipot Liot, serviteur de feu monditseigneur, la somme de lx l. t., ordonnée par ledit testament, comme appert par quictance cy rendue, pour ce . . . . lx l.

A Jehan de Heusedam, somelier de l'eschanconnerie de feu monditseigneur, la somme de xl l. t., ordonnée par ledit testament, comme il appert par quictance, pour ce . . . . . xl l.

A Jehan du Gué, varlet de létière de feu monditseigneur, la somme de xxv l., ordonné par ledit testament, comme appert par quictance cy rendue, pour ce. . . . . xxv l.

A Jehan Lambert, dit Mitaine, aussi varlet de létière de feu monditseigneur, la somme de xxv l. t., à lui ordonnée par ledit testament, comme appert par quictance cy rendue pour ce. . . . . xxv l.

A Gervaise Lorens, aussi varlet de létière, la somme de xxv l. t., à luy ordonnée par ledit testament, comme appert par quictance cy rendue, pour ce . . . . xxv l.

A Jehan Lecoq, dit Cochon, varlet de fourrière de feu monditseigneur, la somme de xxv l. t , à luy ordonnée par ledit testament, comme appert par quictance cy rendue, pour ce   xxv l.

A Simon, varlet de sommyers, la somme de xxx l. t., à luy ordonnée par ledit testament, comme appert par quictance cy rendue pour ce . . . . xxx l.

(Il est apparu de quictance escripte en une feuille de papier signée A. Chaillou.)

Audit Simon, pour sa pension à vie de xvi l. t., à luy ordonnée estre paiée par ledit testament, pour ix années escheues depuis le trespas de feu monditseigneur, jusques au xxiiij° jour de novembre mil iiij° lxxvii la somme de vij** iiij l. t , comme appert par quictance cy rendue, pour ce. (Nota, de recouvrer les quictances du receveur de Dunois) . . . . vij** iiij l. t.

A Jehan Picheron, serviteur de feu monditseigneur, pour laiz à luy fait par feu monditseigneur, comme il appert par quictance cy rendue . . . . xxvij l. x s.

(Il est apparu de quictance signée A. Chaillou, comme dessus.)

A. Gilon, vefve de feu Bernard Brune, chambrière de cuisine de feu monditseigneur, la somme de x l. t., à elle ordonnée par le testament de feu monditseigneur, comme appert par quictance cy rendue, pour ce. . . . . x l. t.

A Nicolas de l'Espèce, serviteur de feu monditseigneur, la somme de xl l. ts., à luy ordonnée par feu monditseigneur par son testament, ainsi qu'il appert par quictance. . . . . . xl l.

A Anthoine de Chambourdisse, palefrenier de feu monditseigneur, la somme de xxx l. t., à luy ordonnée par ledit testament, comme il appert par quictance cy rendue, pour ce. . . . . xxx l.

(Par quictance signée A. Chaillou estans comme dessus.)

A Denis Le Breton, commys par feu monditseigneur a paier les vesperies et festes des vi docteurs en théologie que feu monditseigneur ordonna par son testament estre paiez, c'est assavoir pour chacun pour vesperie xl l., pour feste de docteur c l. t., et pour une queue de vin xij l., qui est pour les dits vi docteurs, ix° xij l. t., à eulx paiez, comme il appert par quictance des-

dits docteurs dont les noms sont declarez en icelle, cy rendue,
pour ce . . . . ix^c xij l.

(Il est apparu de vi quictances desdits docteurs en une liasse
petite.)

Audit Denis Lebreton, qui semblablement a paié ausdits
vi docteurs pour leur despense, depuis le xxiiij^e jour de novembre mil iiii^c lxviii que feu monditseigneur ala de vie à
trespas, jusques au jour de leurs festes de docteur, au pris de
chacun xl s. p. par moys, qui se monte ainsi qu'il appert par
les quictances cy rendues, la somme de v^c iiij^{xx} x l. xiiij s. ij d.
(De ceste partie fault recouvrer de Denis les quictances. Elles
sont rendues avecques les autres quictances desdits docteurs, et
mises en la liace.)

A Thierry Ysbrant, brodeur demorant à Chartres, à luy paié
xxxv l. ij s. vi d. ; c'est assavoir, pour v quartiers de veloux
bleu pour faire les armes de feu monditseigneur en ix escussons vi l. xvij s. vi d. avec autres iiij escussons petiz, et
viij l. v s. t. sur la façon de quatre tables d'autel et deux
cruxiphys ; laquelle somme luy a esté paiée comme appert par
quictance cy rendue, pour ce. . . . . xxxv l. ij s. vi d.

(Il est apparu de quictance signée de R. de la Mote en parchemin.)

A Jehan Morant, fondeur demourant à Paris, la somme de
iiij^c xij l. x s. à lui paiée par les mains de Denis Le Breton, par
l'ordonnance des exécuteurs, sur la sépulture par luy faicte pour
feu monditseigneur, tant pour cuyvre que pour façon ; en ce
non compris ce que le bailli de Dunois en a baillé, comme appert
par le marché de ce fait et quictance dudit Morant, rendue au
doz dudit marché ; lesquelles lectres dudit marché et quictance
sont rendues ou compte dudit bailli, sur la partie de ce faisant
mention, et enfillez en la liace, pour ce. . . . iiij^c xij l. x s.

(Ceste partie sera escripte en la fin des comptes de l'obsèque.
Il appert de quictances escriptes au dos du marché à luy
fait, etc.)

A maistre Jacques Turgis, médicin de feu monditseigneur,
la somme de ij^e l. t., qui luy estoit deue pour sa pension de pa-

ravant ledit trespas, comme il appert par sa quictance cy rendue, pour ce . . . . ij^c l.

(Soit recouvert la quictance.)

A maistre Simon du Val, maistre des œuvres de maçonnerie de la chappelle de Cléri, la somme de vij^{xx} v l. i s., qui deue estoit pour les salaires de luy et des maçons qui ont besongné en ladicte chappelle, du vivant de feu monditseigneur ; comme il appert par quictance cy rendue, pour ce . . . xij^{xx} v l. i s.

(Soit recouvert la quictance de Me J. Germe ou de Saussaye.)

A frère Jehan Laignel, chappellain de feu monditseigneur, la somme de xxvij l. x s. t., qui deue luy estoit, pour ses services du temps de feu monditseigneur, comme il appert par quictance, pour ce . . . . xxvij l. x s.

(Il est apparu de quictance.)

A Me Paoul Grymbault, maistre escolle de Partenay, pour avoir paint plusieurs choses en la chappelle du chastel de Chasteaudun, du vivant de feu monditseigneur, la somme de xxvij l. x s. t. Et pour son logeiz durant ung an, viij l. v s. t., qui est en tout quarante une livre v s. t., comme appert par quictance cy rendue, pour ce (Soit recouvert la quictance). . . . . xli l. v s.

A Jacquet Ferrant, serrurier, sur les ouvrages qu'il avoit faiz ou chastel de Chasteaudun, du vivant de feu monditseigneur, qui luy a esté paie, comme il appert par quictance cy rendue, pour ce . . . . xxvij l. x s.

(Elle est dedans les lyasses.)

A Raoulin Potiron, menuysier, pour ouvrages par luy faiz ou chastel de Chasteaudun, du vivant de feu monditseigneur, comme il appert iiij l. v s. Pour ce (soit recouvert quictance) . . . . iiij l. v s.

A Colin Prasteau, fourrier, vi l. t. pour le restituer de semblable somme qu'il avoit paiée pour bois et charbon, pour celluy qui fist les orgues de Chasteaudun, du vivant de feu monditseigneur, comme il appert, pour ce (soit recouvert quictance). . . . . vi l.

A messire Raoul Maunori, pour bailler aux maçons qui ont

besongné en la chappelle, qui est hors le chasteau de Chasteaudun, xvi l. x s. comme il appert, pour ce . . . xvi l. x s.

(Soit recouvert quictance.)

Nota, de recouvrer toutes les mises qui ont esté paiées et mises en la chappelle hors dudit chasteau, tant en maçonnerie, charpenterie, couverture et matières, comme autres choses neccessaires pour couscher cy en despence.

A Maistre Jehan Garnier, pour le restituer de la somme de lx s. t, qu'il avoit despensée pour aler à Tours quérir l'argent que Jehan de Beaune devoit, pour l'emploier en l'acquict de feu monditseigneur, ainsy qu'il appert par sa quictance cy rendue, pour ce . . . . lx s. t.

A Denis Lebreton, la somme de c escuz d'or, que feu monditseigneur lui a laissée et ordonnée par son testament, pour les services qui luy avoit faiz, comme il appert par quictance cy rendue, pour ce (Soit recouvert quictance. Ladite quictance a esté depuis recouverte et mise en la liace). . . vi^{xx} xvij l. x s.

A chappitre de Cléri, pour le reste qui leur estoit deu des messes à note et basses, dictes par l'ordonnance de feu monditseigneur après le trespas de feue Madame, et ou vivant de Monseigneur. . . . . c xiv l. xvij s. vi d.

(Il est apparu de quictance estant en la liasse du bailli de Dunois.)

Aux religieux Jacobins d'Orléans, la somme de xij l. t., qui leur estoit deue de reste, pour la demie année finie à Noël subcéquant le trespas de feu monditseigneur, d'une messe qu'ilz disoient chacun jour, le vivant de feu monditseigneur, pour feu madame la contesse comme appert, pour ce. . . . . . . xij l.

(Il est apparu de quictance estant comme dessus.)

A messire Jehan Guillot, aumosnier de Baugency, la somme de xxxviij l., pour le paiement des mois d'octobre, novembre et décembre en l'an du trespas de feu monditseigneur, pour l'aumosne de xxx pouvres par chacun jour a luy ordonnée par feu monditseigneur, pour ce (il est apparu de quittance estant comme dessus) . . . . xxxviij l.

Aux chappellains de la chappelle de Chasteaudun, à eulx

baillé par la main de Monsieur de Courselles, qui leur estoit
deu du temps de feu monditseigneur. (Il est apparu de quittance
estant en ladite liasse.) . . . . xl l.

A Adam Morant, pour paier l'aigle mis en la chappelle de
Chasteaudun, et pour les voictures à le admener de Paris audit
Chasteaudun, et le asseoir ; Et pour. le veage de celluy qui l'a
assis et autres menuz fraiz declarez en la quittance sur ce faicte,
lequel avoit esté fait du temps de feu monditseigneur, cy rendue, pour ce. . . . . iiij^{xx} viij l.

(Il est apparu de quictance estant en ladite liasse.)

A Jehan Morant, de Paris, pour le reste à lui deu de la sepulture de feu monditseigneur. Et pour les voicturiers qui ont
admené de Paris à Cléri les représentations de feu monditseigneur et dame, de cuyvre. Et pour les journées dudit Morant et
de ses varletz à asseoir ladite sepulture, lxxi escuz d'or et
xxvij s. p. en monnoie vallant. . . . . iiij^{xx} xviij l. xiij s. ix d.

(Il est apparu de quictance estant en ladite liasse.)

Nota, de mectre ceste partie en la fin du chappitre des obcèques cy devant.

A René de Dremen, brodeur de Chartres, pour broder les
deux tables d'autel et les semer de fleurs de Marie, et pour la
chappe, chasuble, diacre, soubzdiacre, trois colletz et ung chapperon pour chappe de champ bleu, qui a esté mys et baillé
en la chappelle de Cléri, selon l'ordonnance de feu monditseigneur ; Et pour son voiage de les avoir apportez de Chartres à
Cléri . . . . xlvi l. vij s. vi d. t.

(Il est apparu du marché et de quictance estant en la liasse
des quictances dudit bailli de Dunois.)

A Guillaume Segrie, pour la façon des tables et chappes et
chasubles dessus dites . . . . vi l. xvij s. vi d.

(Il appert de quictance estant comme dessus.)

Audit Segrie, pour les bougrans par luy achaptez à Orléans,
pour doubler lesdites tables, chappes, chasubles et autres
choses. . . . . cxvi s. iij d.

A la Cotarde, broderresse d'Orléans, pour franges de soye blanche, bleue et vermeille, pour lesdits vestemens et habiz. iiij l. x s.

Audit Segrie, sur la facon d'autres vestemens et ornemens à Cléri, la somme de trois escuz d'or, vallant. . iiij l. ij s. vi d.

Pour les pierres de pavé, à paver la chappelle de Cléri, et pour les journées des maçons qui ont taillé et assis ledit pavé, pour les voictures de la rivière de Loire à admener ledit pavé à Cléri ; Et aussi pour tailler et asseoir les pierres de la tombe où est assise la portraiture de Monseigneur, et les journées des ouvriers qui y ont besongné, montant en tout, comme appert par certifficat du notaire de Cléri. . . . . ciij l.

A chappitre de Cléri, pour aucunes pierres et materes que on a prises d'eulx, pour faire la masse et tumbe où sont assises les remembransses de feu Monseigneur et Madame. . . xv l.

(Ces deux parties seront mises en la fin du chappitre de l'obcèque.)

Au paintre qui a noirsy ladicte masse. . . . . lv s.

A Oudin Chauvin, notonnyer demourant à Baugency, pour voictures de pierres qu'il avoit faictes par eaue et menées à Cléri, pour ladicte chappelle, et par compte fait entre feu monditseigneur et ledit Chauvin . . . . xxi l.

A Simon Du Val, maçon, maistre des œuvres de maçonnerie de la chappelle de Cléry, la somme de xiiij escuz d'or à luy baillez, pour le parpaiement des pierres achaptées pour le pavement de ladite chappelle, ainsi qu'il appert par quictance par luy baillée ; Pour ce, au pris de xxvij s. vi d. pour escu. xix l. v s.

(Il appert de quictances de toutes ces parties qui sont en la liasse du compte du Bailly de Dunois.)

A Robert Saussaye pour bailler au carrier de la Charité, auquel il estoit deu du temps de feu monditseigneur, des pierres qu'il avoit baillées pour la chappelle de Cléri . . . . c s.

A Jehan Baille, voicturier par eaue de la Charité la somme de x l. v s. ts., pour la voicture de certaines pierres et pavez pour ladicte chappelle. . . . . x l. v s.

Audit Saussaye, la somme de c l. t. qui deue luy estoit à cause de la mise par luy faicte pour les ouvrages de ladite chappelle de Cléri, du vivant de feu monditseigneur, pour ce . c l.

A Estienne d'Orléans, voicturier par eaue de Baugency, la

somme de cinquante cinq livres tournois qui deue luy estoit
pour certaines voictures par luy faictes, du vivant de feu monditseigneur, pour ladite chappelle . . . . lv l.

A Pierre Rémy, charpentier, la somme de dix réaulx et deux
escuz d'or, restans de xx réaulx et deux escuz, qui deuz lui estoient pour la couverture de la charpenterie qu'il a faicte à Cléri,
ainsi qu'il appert par quictance, pour ce . . . . . xvij l. xv s.

A maistre Richard Fé, pour l'oratoire et les chèzes qu'il a
faictes à Cléri, à luy paié depuis le trespas de feu monditseigneur, à plusieurs foiz et parties, la somme de.   vij^{xx} iiij l. x s.

A Thomas Danyel, serrurier, la somme de c s. t., pour avoir
ferré luys dudit oratoire, et les deux huys de la chappelle ; et
pour deux serreures qu'il y a mises et deux boutans derrière
le huys ; et aussi pour avoir ferré lesdictes v chèzes faictes par
ledit Me Richard, comme appert par sa quictance cy rendue,
pour ce . . . . c s.

A Philipot Aubour, menuysier, la somme de vij l. xiij s. iij d.
t., pour avoir fait de son mestier la couverture de la sépulture
de feu monditseigneur et Madame, en ladite chappelle de Cléry,
comme appert par quictance cy rendue, pour ce. vij l. xiij s. iij d.

A Jaquet Ferrant, serrurier, la somme de lxiij s. p. pour
la serrure, couplure, ferreure et loquetz par luy faiz et mys
à ladite cloture et couverture estant sur la sépulture de feu
monditseigneur ; comme appert par quictance cy rendue, pour
ce . . . . lxxviij s. ix d.

(Il appert de quictances de toutes ces parties, estans en ladite
liasse dudit bailli de Dunois.)

Ausdits Ferrant et Thomas Danyel, son gendre, la somme de
xl l. t. pour marché fait avec eulx pour avoir armé de fer et fil
d'areschal les quatre vitres estans en ladite chappelle de Cléry,
comme appert par leur quittance cy rendue, pour ce . . xl l.

A Jehan du Fou, maçon de Cléry, la somme de quatre escuz
d'or, vallant cx s. t. qui luy avoit esté ordonné bailler, pour sa
paine et sallaire de soy estre employé à garder et sauver du feu,
survenu en l'église de Cléri, ladite chappelle de feu monditseigneur, comme appert par quittance cy rendue, pour ce, cx s,

A Messire Nicole Myay, chanoyne de Cléri, la somme de trois escuz d'or, pour avoir fait recouvrir et appareiller ladite chappelle qui avoit esté endomagée par ledit feu, pour ce   iiij l. v s.

A Perrecte, vefve de feu Henry Geldaf, en son vivant verrier demourant à Orléans, la somme de xxiiij s. p., pour l'appareil des verrières de ladite chappelle, qui avoient este rompues, tant à l'occasion dudit feu, comme en bescugnant ès édiffices de ladite église, pour ce . . . . xxx s.

A Olivier Loysy, de Cléri, pour avoir tendu et descendu le satin bogran, et aussi le poelle, de dessus la sépulture de feu monditseigneur, jusques à ce que ladite chappelle fust close, par long temps . . . . xxvij s. vi d.

(Il appert des quictances de toutes ces parties estans en la liasse du compte dudit Bailli de Dunois.)

A maistre Richard Fé, devant nommé, la somme de c l. t. sur ce qui luy povoit estre deu des ouvrages qu'il avoit faiz ou grant hostel de Chasteaudun, par avant le trespas de feu monditseigneur, comme appert par quictance cy rendue, pour ce. . . . . c l.

Audit maistre Richard, la somme de c l. t., sur ce qui luy povoit estre deu par feu monditseigneur, pour ouvraiges par luy faiz ou chastel dudit Chasteaudun, comme appert par quictance cy rendue, pour ce. . . . . c l.

Nota. (Cet article a été bâtonné ; mais on a rétabli la somme et écrit en marge : *Bon*.)

A Germain Fé, menuysier, la somme de cxvi l. t., sur les ouvrages et besongnes que ledit Germain et ledit Mᵉ Richard Fé, son père, avoient faiz ou chastel de Chasteaudun, pour ce. . . . . cxvi l.

A Noel Pilet, mareschal demorant à Chasteaudun, la somme de dix escuz d'or sur le loage de la maison en laquelle ledit Germain Fé demeuroit audit Chasteaudun, où il besongnoit et tenoit son astelier, pour ce . . . . xiij l. xv l.

Aux enffans et héritiers dudit maistre Richard Fé, la somme de cinquante livres tournois, restant de la somme de cxvij l., à quoy cest monté la prisée de cloysons des deux oratoires et de celle fermant le cueur de la chappelle de Chasteaudun ; de laquelle somme a esté paié seullement par le bailli 1 l. t., et par Jehan Le Tonnelier 1 l. t., pour ce . . . . i i. t.

A Messire Raoul Maunorri, pour bailler aux maçons qui besongnèrent en la chappelle hors le chastel de Chasteaudun, après le trespas de feu monditseigneur, la somme de ix l. x s. t., sur ce qu'il povoit estre deu ausdits maçons, comme appert par quictance, pour ce. . . . . ix l. x s. t.

(Par quittance estant en la liasse du compte dudit bailli de ceste partie.)

Pour xiiij milliers de thieulle, pour couvrir ladite chappelle. . . . . xv l. xv s.

Aux charrectiers qui ont esté quérir ladite thieulle, pour la despence d'eulx et de leurs chevaulx . . . . xl s.

Pour envoier à Partenay et Potiers, par deux foiz, devers le receveur de Poictou, pour savoir s'il bailleroit argent que monditseigneur avoit ordonné et assigné prandre sur luy aux exécuteurs ; Et lequel argent Jehan de Beaune et Jehan Bernard eurent et prindrent, pour ce, pour le voiage, (ces parties ont este affermées ou compte du Bailli) . . . . xx s.

Pour les fraiz que fist Picheron, à aller quérir l'argent à Potiers et le apporter à Tours, luy et feu Haquinet, et ung autre en leur compagnye . . . . x l. i s. ij d.

Pour autres fraiz à apporter l'argent receu dudit Picheron, et autre argent receu de Jehan de Beaune de Tours, à Chasteaudun, avec Haquinet et ung autre en sa compagnye, pour leurs despens, paines et sallaires. . . . . . . vij l. ij s. vij d.

Pour la vacacion dudit bailli pour xv jours qu'il fut détenu par feu monditseigneur audit lieu de Lay, par chacun jour xx s. p., vallant xv l. t. Pour ce . . . . xv l.

(Mys avec les parties de l'autre compte faisant mention de Lay.)

Pour la despense faicte par ledit bailli, à ung autre veage par luy fait d'Orléans à Lay, quant feu monditseigneur fut trespassé, par le commandement de Mons' de Courselles ; Et pour une guide qu'il print à le guider par la forest . . . . xl s.

A maistre Jehan Garnier, pour bailler à messire Jehan Chaillou, sur les cayers qu'il avoit faiz et escriptz pour la saincte chappelle de Chasteaudun, durant la vie de monditseigneur, la somme de xx escuz d'or, comme appert par quictance dudit Garnier, vallant . . . . xxvij l. x s.

Audit Chaillou, la somme de xxviij l. t., sur autres cayers qu'il avoit faiz, comme il appert par sa quictance (liasse du compte dudit Bailli). . . . . xxviij l.

Pour la despence de maistre Jehan Garnier et dudit bailli, qui furent à Chartres l'espace de deux jours, à chacun deux chevaulx, pour paier partie des debtes que feu monseigneur devoit à Chartres, et eulx enquérir de ce qui estoit deu (affermé ou compte dud. Bailli) . . . . liij s. iiij d.

A Anthoine de Besle, sr de Lorges, pour la composicion du rachapt de la mestairie de la Vove appartenant à la chappelle de Chasteaudun, et pour la souffrir tenir de la main de ladite chappelle, la somme de xx escuz d'or, comme appert par les lettres de composition cy reudues, pour ce (composition et quictance en la liasse du bailli). . . . . xxvij l. x s.

A Michelet Robeton, varlet de chambre de feu monditseigneur, la somme de xxx escuz d'or, qui luy estoient deuz, de reste de ses gaiges et sallaires du temps précédant le trespas de feu monditseigneur, comme appert par les lettres de monditseigneur et par quictance dudit Michelet cy rendues, pour ce . . . . xli l. v s.

A Estienne Regnard, boulengier, la somme de x l. t., qui deue luy estoit par feu monditseigneur, et laquelle monditseigneur a mandé ausdits commis du testament paier, pour ce . . . . x l. t.

A Jehan de Beaune, la somme de vij^xx x l. xix s. ij d. t., que feu monditseigneur lui devoit ; c'est assavoir iiij^xx ij l. x s. ts. pour deux muletz qu'il avait baillez à feu monditseigneur, et iiij^xx vij l. ix s. ij d. t. pour une descharge de pareille somme, qu'il devoit recevoir du recepveur de Beaumont Le Vicomte, laquelle il n'avoit pas receue ; comme appert par quictance cy rendue, pour ce . . . . viij^xx x l. xix s. ij d.

A maistre Regnault de Paris, chanoine de Chartres, la somme
de xxxiij l. t. qui deue lui estoit par feu monditseigneur, pour
vendicion de cinq queues et demie de vin, par luy venduz et livrez
aux gens et officiers de feu monditseigneur, comme appert par
quictance dudit Mc Regnault, cy rendue, pour ce.   xxxiij l. ts.

À Estienne Le Melle, procureur en court laye à Chartres, la
somme de xliij l. qui deue luy estoit par feu monditseigneur,
pour vendicion de quatre tonneaux et ung traversin de vin,
comme appert par quictance dudit Le Melle cy rendue, pour
ce. . . . . xliij l.

(Il appert de quictances de toutes ces parties estans en la
liasse du compte du Bailli de Dunois.)

A Jehan Doulcet, hostellier demorant à Chartres, la somme
de xij l. vi s. ij d. pour logeiz et despence pieçà faiz en sondit
hostel, par les gens et officiers de feu monditseigneur, pour
ce . . . . xij l. vi s. ij d.

A Jehan Mortier, hostellier demorant à Chartres, la somme
de xvi l. t., qui deue luy estoit pour logeiz et despence faiz en
son hostel du vivant de feu monditseigneur par ses gens et officiers, comme il appert par quictance, pour ce. . . . . xvi l.

À Simonne La Grosse, poissonnyère, demourant à Chartres,
la somme de xij l. vi s., pour poisson par elle baillé du vivant
de feu monditseigneur, à ses gens et officiers . . . xij l. vi s.

A la vefve feu Simon Teste Blanche, en son vivant pasticier
demourant à Chartres, en son nom et comme ayant la garde des
enffans mineurs d'elle et de sondit mary faisant fort des autres,
la somme de x l. t. pour pasticerie et ouvrage de son mestier
faiz par ledit feu Simon, pour feu monditseigneur x l., pour
ce . . . . x l.

(Il appert de quictances estans en la liasse du compte dudit
bailly.)

A Emery Pignerre, drappier de Chartres, la somme de lx s. t.
pour drap par luy baillé, du vivant de feu monditseigneur, pour
ce . . . . lx s.

A Gilon, vefve de feu Michel d'Estampes, et Pierre d'Estampes son filz, la somme de xlij l. v s. t., restant à payer

de xlvij l. qui deue estoit à lad. feue Gilon, pour logeiz et despence faicte par les gens et officiers de feu monditseigneur, en son hostel dudit lieu de Chartres pour ce . . . . .   xlij l. v s.

A Jehan Picheron, secrétaire de feu monditseigneur, commys à faire la despence de bouche de l'obcèque de feu monditseigneur, la somme de viij l. xiij s. t., qui deue luy estoit, pour le restituer de semblable somme par la fin de son compte par luy rendu, comme appert par icelluy et par quittance dudit Picheron cy rendue, pour ce . . . .   viij l. xiij s.

(Ceste partie n'est point mise en compte, car toutes les parties de la despence sont comptées cy devant. J'ay reçu ladite somme. (S.) Picheron.)

A luy, pour ses paines et salaires d'avoir fait la despence ordinaire depuis le trespas de feu monditseigneur, jusques à son derrenier obcèque qui fut fait à Chasteaudun. Et aussi partie des mises de l'obict tant à Lay, Baugency que Chasteaudun, et autre part, la somme de x l. t., pour ce . . . .   x l. t.

(Nota, que ces ij parties ne sont encores couschées ou compte fait pour l'évesque. J'ay receu ladite somme. (S.) Picheron.)

Audit maistre Fleurent Bourgoing, bailli de Dunois, la somme de iiij^c xl l. t., c'est assavoir : xij^{xx} l. t., laquelle il auoit receue du recepveur de Chasteauregnault, et qui luy avoit este ordonnée par monditseigneur pour emploier en la despence du testament de feu monditseigneur; laquelle somme lui fut crochetée et robée en ung coffre en sa maison à Orléans, où il avoit acoustumé mectre son argent, par ung sien clerc nommé Alixandre Geute, qui incontinent après s'en fouyt, et n'en a depuis ledit bailli peu recouvrer aucune chose. Par quoy requiert ledit bailli, ladicte somme de xj^{xx} l. ts. luy estre cy rabatue en despence ; et ij^c l. t., pour sa paine et vacacion d'avoir receu les deniers contenuz en ceste présente recepte, et aussi les mises faictes en despence de ce présent compte, où il a fait de grans fraiz et mises, et vaqué depuis le trespas de feu monditseigneur jusques à présent, qui sont ix ans et plus, pour ce ici la somme de ij^c l. t.

(Ledit Me Fleurent a affermé par serement avoir esté desrobée et perdue ladite somme de xij^{xx} l. t., et des propres deniers receuz pour l'acomplissement du testament ; et, tant pour ladicte somme, comme pour le récompenser des fraiz et despenses qu'il a euz durant ledit temps à l'acomplissement dudit testament, luy sera seullement aloé pour ceste partie la somme de ij^c l. t.)

Aux héritiers de feu Courbanton, pour la parpaye de trois cens escuz d'or, que feu monditseigneur devoit audit Corbanton pour la vente de deux haquenées et ung cheval, comme appert par cédulle signée et escripte de la main de feu monditseigneur et séellée du seel de ses armes, le xxxe jour d'aost mil iiij^c xxxix, dont en fut payé à Blois le iiij^e jour de février mil iiij^c lx la moictié, escripte au doz de ladite cédulle ; et l'autre moictié, qui restoit, montant cl escuz, a esté paiée et baillée comptant ausdicts héritiers, comme appert par ladite cédulle et par leurs quictances cy rendues, pour ce cy . . . . ij^c vi l. v s.

(Il appert de ladite cédulle et de quittances desdits héritiers, mises en un sac appart, avecques celles de Mons. de Rohan, de Madame de la Trymoille et autres, estans à Chasteaudun, ou coffre de Monseigneur.)

A Jehan Le Tonnellier, lieutenant de Dunoys, pour debte qu'il disoit et affermoit estre deue à ses feux père et mère, pour despense faicte par feu monditseigneur et ses gens, en leur hostel à Chartres, tantost après la prise dudit Chartres, montant ladite despense à la somme de iiij^{xx} x l. t., de laquelle somme a esté chevy et composé, avec ledit Tonnelier, à la somme de l l. t., à luy payée et baillée comptant, comme appert par sa quictance cy rendue, pour ce (appert de quittance dud. Le Tonnelier mise en la liasse) . . . . l l. t.

Aux héritiers de feu Robert Bougeu, en son vivant marchant bouchier demourant à Blois, la somme de c l. t., qui deue estoit audit Bougeu par feu monditseigneur, pour plusieurs chars et marchandises de son mestier, qu'il bailla et livra à feu monditseigneur en la ville de Blois, comme appert par sa cédulle signée de sa main et séellée du seel de ses armes, le xxvie jour d'avril mil iiij^c xl. Laquelle somme de c l. a esté payée ausdits héritiers, comme il appert par ladite sédulle et par leur quittance cy rendue, pour ce cy . . . . c l. t.

(Il appert de ladite cédulle qui a este mise dedans le sac, et fault recouvrer la quittance desdits héritiers.)

A maistre Jehan Bérart, filz et héritier de feu sire Pierre Bézart, en son vivant trésorier de France, pour l'aquict et retrait de la somme de xiij l. t. de rente et arrérages, qu'il disoit avoir droit de prandre et percevoir par chacun an sur l'ostel de Monseigneur assis en la ville de Tours, devant l'église de sainct Julien ; et dont ledit maistre J. Bérart a tenu en procès monditseigneur par *long temps* ; avecques lequel, après ce qu'il a esté apparu du droit qu'il y avoit, a esté appoincté par monditseigneur, tant pour le principal que pour les arrérages, à la somme de ij^c escuz d'or ; laquelle luy fut baillée et payée comptant, comme il appert par sa quictance cy rendue, vallant au pris de xxxij s. i d. chascun escu, la somm.. de   iij^c xx l. xvi s. viij d.

(Ladite quictance est es mains de B. Prévost à Tours.)

Aux héritiers de feu J. de Lagrange, en son vivant demourant à Bourges, pour ung livre que feu monditseigneur avoit achapté de luy, nommé le Livre des Propriétez, le pris et somme de c escuz d'or, comme il appert par l'obligation de feu monditseigneur. Pour ce. . . . .   viij^{xx} l. viij s. iiij d.

(Lesdites obligation et quictance sont entre les mains de B. Prevost à Tours.)

A Nicolas de Louvyers, de Paris, pour debte à luy deue par feu monditseigneur, dont il a baillé sa cédulle et quictance, la somme de lxx escuz par N. Violle, vallant . . cxij l. v s. x d.

Aux héritiers de feu Colin Massart, en son vivant recepveur de Dreux, la somme de iij^c xx l. ts., qu'il avoit prestée à feu monditseigneur, ainsi qu'il est apparu d'obligation, ceddulle, et quittance desdits héritiers, cy rendues. Pour ce (1) . iij^c xx l.

(1) Document sur papier, écriture du XVe siècle, sans signature et sans certificat de réception. Il semble que ce soit le brouillon du compte. (Bibliothèque nationale, Portefeuille Lancelot, 16, feuillets 302-328.)

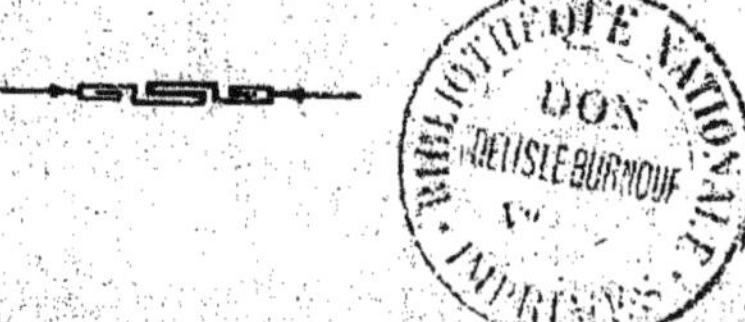

TABLE